同济博士论丛
TONGJI Dissertation Series

总主编 伍 江 副总主编 雷星晖

钮心毅 宋小冬 著

城市总体规划中的土地使用规划支持系统研究

Land Use Planning Support System for Urban Master Plan

同济大学出版社
TONGJI UNIVERSITY PRESS

内 容 提 要

作者立足于我国现有规划体系和城市总体规划实践，借助西方学者提出的“规划支持系统”理论，构筑一个适用于城市总体规划阶段的土地使用规划支持系统——LUPS。该系统建立政策与用地布局的联系，为多方参与规划提供工具和技术平台，模拟反映不同价值观、不同利益的不同政策实施所导致的土地使用变化。

本书适合城市规划决策者、规划设计师、高等院校相关专业师生参考。

图书在版编目(CIP)数据

城市总体规划中的土地使用规划支持系统研究/钮心毅，宋小冬著. —上海：同济大学出版社，2017.8

(同济博士论丛/伍江总主编)

ISBN 978-7-5608-7076-2

Ⅰ. ①城… Ⅱ. ①钮… ②宋… Ⅲ. ①土地规划-研究-中国 Ⅳ. ①F321.1

中国版本图书馆 CIP 数据核字(2017)第 117487 号

城市总体规划中的土地使用规划支持系统研究

钮心毅　宋小冬　著

出 品 人　华春荣　　责任编辑　武　蔚　熊磊丽

责任校对　徐春莲　　封面设计　陈益平

出版发行　同济大学出版社　　www.tongjipress.com.cn

(地址：上海市四平路 1239 号　邮编：200092　电话：021-65985622)

经　　销　全国各地新华书店

排版制作　南京展望文化发展有限公司

印　　刷　浙江广育爱多印务有限公司

开　　本　787 mm×1092 mm　1/16

印　　张　14.75

字　　数　295 000

版　　次　2017 年 8 月第 1 版　2017 年 8 月第 1 次印刷

书　　号　ISBN 978-7-5608-7076-2

定　　价　99.00 元

“同济博士论丛”编写领导小组

“同济博士论丛”编辑委员会

袁万城　莫天伟　夏四清　顾　明　顾祥林　钱梦騄
徐　政　徐　鉴　徐立鸿　徐亚伟　凌建明　高乃云
郭忠印　唐子来　阎耀保　黄一如　黄宏伟　黄茂松
戚正武　彭正龙　葛耀君　董德存　蒋昌俊　韩传峰
童小华　曾国荪　楼梦麟　路秉杰　蔡永洁　蔡克峰
薛　雷　霍佳震

秘书组成员：谢永生　赵泽毓　熊磊丽　胡晗欣　卢元姗　蒋卓文

总 序

在同济大学110周年华诞之际，喜闻"同济博士论丛"将正式出版发行，倍感欣慰。记得在100周年校庆时，我曾以《百年同济，大学对社会的承诺》为题作了演讲，如今看到付梓的"同济博士论丛"，我想这就是大学对社会承诺的一种体现。这110部学术著作不仅包含了同济大学近10年100多位优秀博士研究生的学术科研成果，也展现了同济大学围绕国家战略开展学科建设、发展自我特色，向建设世界一流大学的目标迈出的坚实步伐。

坐落于东海之滨的同济大学，历经110年历史风云，承古续今、汇聚东西，秉持"与祖国同行、以科教济世"的理念，发扬自强不息、追求卓越的精神，在复兴中华的征程中同舟共济、砥砺前行，谱写了一幅幅辉煌壮美的篇章。创校至今，同济大学培养了数十万工作在祖国各条战线上的人才，包括人们常提到的贝时璋、李国豪、裘法祖、吴孟超等一批著名教授。正是这些专家学者培养了一代又一代的博士研究生，薪火相传，将同济大学的科学研究和学科建设一步步推向高峰。

大学有其社会责任，她的社会责任就是融入国家的创新体系之中，成为国家创新战略的实践者。党的十八大以来，以习近平同志为核心的党中央高度重视科技创新，对实施创新驱动发展战略作出一系列重大决策部署。党的十八届五中全会把创新发展作为五大发展理念之首，强调创新是引领发展的第一动力，要求充分发挥科技创新在全面创新中的引领作用。要把创新驱动发展作为国家的优先战略，以科技创新为核心带动全面创新，以体制机制改革激发创新活力，以高效率的创新体系支撑高水平的创新型国家建设。作为人才培养和科技创新的重要平台，大学是国家创新体系的重要组成部分。同济大学理当围绕国家战略目标的实现，作出更大的贡献。

大学的根本任务是培养人才，同济大学走出了一条特色鲜明的道路。无论是本科教育、研究生教育，还是这些年摸索总结出的导师制、人才培养特区，"卓越人才培养"的做法取得了很好的成绩。聚焦创新驱动转型发展战略，同济大学推进科研管理体系改革和重大科研基地平台建设。以贯穿人才培养全过程的一流创新创业教育助力创新驱动发展战略，实现创新创业教育的全覆盖，培养具有一流创新力、组织力和行动力的卓越人才。"同济博士论丛"的出版不仅是对同济大学人才培养成果的集中展示，更将进一步推动同济大学围绕国家战略开展学科建设、发展自我特色、明确大学定位、培养创新人才。

面对新形势、新任务、新挑战，我们必须增强忧患意识，扎根中国大地，朝着建设世界一流大学的目标，深化改革，勠力前行！

万　钢

2017 年 5 月

论丛前言

承古续今，汇聚东西，百年同济秉持“与祖国同行、以科教济世”的理念，注重人才培养、科学研究、社会服务、文化传承创新和国际合作交流，自强不息，追求卓越。特别是近20年来，同济大学坚持把论文写在祖国的大地上，各学科都培养了一大批博士优秀人才，发表了数以千计的学术研究论文。这些论文不但反映了同济大学培养人才能力和学术研究的水平，而且也促进了学科的发展和国家的建设。多年来，我一直希望能有机会将我们同济大学的优秀博士论文集中整理，分类出版，让更多的读者获得分享。值此同济大学110周年校庆之际，在学校的支持下，“同济博士论丛”得以顺利出版。

“同济博士论丛”的出版组织工作启动于2016年9月，计划在同济大学110周年校庆之际出版110部同济大学的优秀博士论文。我们在数千篇博士论文中，聚焦于2005—2016年十多年间的优秀博士学位论文430余篇，经各院系征询，导师和博士积极响应并同意，遴选出近170篇，涵盖了同济的大部分学科：土木工程、城乡规划学(含建筑、风景园林)、海洋科学、交通运输工程、车辆工程、环境科学与工程、数学、材料工程、测绘科学与工程、机械工程、计算机科学与技术、医学、工程管理、哲学等。作为“同济博士论丛”出版工程的开端，在校庆之际首批集中出版110余部，其余也将陆续出版。

博士学位论文是反映博士研究生培养质量的重要方面。同济大学一直将立德树人作为根本任务，把培养高素质人才摆在首位，认真探索全面提高博士研究生质量的有效途径和机制。因此，“同济博士论丛”的出版集中展示同济大学博士研究生培养与科研成果，体现对同济大学学术文化的传承。

“同济博士论丛”作为重要的科研文献资源，系统、全面、具体地反映了同济大学各学科专业前沿领域的科研成果和发展状况。它的出版是扩大传播同济科研成果和学术影响力的重要途径。博士论文的研究对象中不少是“国家自然科学基金”等科研基金资助的项目，具有明确的创新性和学术性，具有极高的学术价值，对我国的经济、文化、社会发展具有一定的理论和实践指导意义。

“同济博士论丛”的出版，将会调动同济广大科研人员的积极性，促进多学科学术交流、加速人才的发掘和人才的成长，有助于提高同济在国内外的竞争力，为实现同济大学扎根中国大地，建设世界一流大学的目标愿景做好基础性工作。

虽然同济已经发展成为一所特色鲜明、具有国际影响力的综合性、研究型大学，但与世界一流大学之间仍然存在着一定差距。“同济博士论丛”所反映的学术水平需要不断提高，同时在很短的时间内编辑出版110余部著作，必然存在一些不足之处，恳请广大学者，特别是有关专家提出批评，为提高同济人才培养质量和同济的学科建设提供宝贵意见。

最后感谢研究生院、出版社以及各院系的协作与支持。希望“同济博士论丛”能持续出版，并借助新媒体以电子书、知识库等多种方式呈现，以期成为展现同济学术成果、服务社会的一个可持续的出版品牌。为继续扎根中国大地，培育卓越英才，建设世界一流大学服务。

伍　江
2017年5月

前　言

本书借助西方学者提出的“规划支持系统”理论，立足于我国现有规划体系和城市总体规划实践，构筑了一个适用于城市总体规划阶段的土地使用规划支持系统——LUPS。通过介绍反映参与规划各方不同的价值观和不同的利益，目的是改变城市总体规划中政策与规划方案脱节的现象。

作者首先回顾了西方城市规划界有关规划支持系统的研究，分析和比较了国外已有土地使用规划支持系统，总结了其中的土地使用建模技术、技术实现途径和应用方法。

在此基础上，提出了LUPS的总体框架及工作流程。LUPS由用地评价、开发约束、用地分配三个子模型组成。LUPS选取基于规则的模型方法作为土地使用建模技术，使用“约束规则”和“分配规则”表达不同类型的土地开发政策。在LUPS中，建设用地划分为生活区、工业区两大类。两大类建设用地的增长需求预测不在LUPS中解决，而是作为外部数据输入。LUPS使用ESRI的ArcGIS 9.2作为软件平台，以矢量空间数据模型为基础，使用VBA和ArcObjects进行开发实现。

LUPS的用地评价结合GIS的多准则决策分析(MCDA)进行：先

分别进行生活区适宜性评价、工业区适宜性评价，随后将两者的评价结果进行叠合，生成基本用地分析单元，得到用地评价结果图层。

LUPS的开发约束是使用“约束规则”模拟土地开发的约束政策，限制土地开发的位置和类型。通过使用叠合方法实现对用地评价结果图层的修正。不同的政策表现为不同的约束规则，得到不同的修正结果。

LUPS的用地分配是将生活区、工业区的用地需求分配到合适的用地分析单元上，同时使用“分配规则”模拟土地开发中的“优先发展”政策。在用地分配中，提出了一种基于矢量空间数据模型的双重目标用地分配方法。该方法采用双重目标的多准则决策分析实现，根据单一目标的决策结果建立决策平面；根据两个目标之间权重划分决策平面，采用图解算法实现双重目标的决策。

通过开发约束和用地分配，选择确定城市规划区内所有用地单元的土地用途，将不同的土地开发政策落实到用地布局方案之中，产生不同的用地布局，可以模拟和评价不同政策实施对城市规划区内土地使用的影响。

随后，使用 LUPS 完成两个典型应用实例研究。在实例一中，将LUPS应用于山东省广饶县总体规划，评估“绿心”政策和“工业优先发展”政策，为相关政策制定提供决策支持。本实例表明，LUPS是一种支持土地开发政策评估和决策的有效工具，为决策者提供政策与规划方案之间清晰的对应关系，提高决策的透明度。在实例二中，结合使用情景规划的工作方法，将 LUPS 应用于云南省保山市城市总体规划编制中土地使用布局方案的生成和比较。实例表明，在 LUPS 支持下，结合情景规划工作方法可以产生具有一定通用性的用地布局方案，从而改变了传统的“蓝图式”方法，再面对未知和不确定的未来，作出更加坚实可靠的规划决策，提高规划方案对各种不确定因素的适应性。

本书的特点在于，在城市总体规划阶段，在政策与用地布局之间建立联系，为多方参与规划提供工具和技术平台，模拟反映不同价值观、不同利益倾向的不同政策，会导致不同的土地使用布局。LUPS适合于中国现有的城市规划体系，能够在城市总体规划阶段为土地使用规划的编制提供决策支持，提供一个供规划师、决策者、公众之间交流沟通的平台。目前的LUPS还是一个实验性的系统，今后还需要在用地需求、开发密度的政策模拟、建设用地分类、系统集成四个方面进一步深入研究。

目 录

第1章
引　言

1.1 研究背景

1.2.1 规划决策需要科学性与透明度

1. 规划方案与政策的脱节

制定科学的发展政策与编制合理的城市规划是科学利用有限的资源和空间，遏制和缓解土地资源、环境等严重矛盾的重要举措，也是贯彻科学发展观，促使可持续发展的重要途径。然而长期以来，规划编制与发展政策的关系往往错位。规划专业人员将规划编制视作一种价值中立的技术工作，编制“蓝图式”规划，忽视规划实施政策，而决策者根据自己对规划的理解制定发展政策和措施。政策是否科学，规划是否反映了政策，政策是否符合规划，往往缺乏检验和评估的手段。

以城市总体规划为例，土地使用规划是其核心工作内容。现有的编制土地使用规划方法着眼于用地布局本身的合理性，定了规划方案，再考虑政策、措施。总体规划编制过程一般先由专业人员提出多个布局方案，由决策者选择方案，再作技术性的深化、完善。专业人员一般不重视布局方案和发展政策、实施措施的关系，也很难向决策者解释布局和政策之间有什么关系。对于决策者来说，一般没有从事规划编制的实际经验，他们听汇报、看图纸所了解的规划与专业人员的意图不但可能有差距，而且也不清楚某个规划方案与什么政策所对应。某些政策、措施是适合某个规划方案，还是另一个？应该如何实施这些政策和措施才有利于规划方案的实现？这些问题听起来简单，但事实上，现有的编制办法却难以达到。各地城市总体规划编制、实施过程中，普遍存在规划方案和政策、措施脱节的现象，带来规划决策的透明度低、随意性大。

2. 难以反映规划中的不同利益、不同价值观

规划编制和决策受到多种外部因素、条件的影响，往往参与规划的各方（多个决策者、多个部门机构等）利益不同、价值观不同。对于同一项规划内容，不同行业部门会有不同的意见，上级政府和下级政府之间也会有不同的意见。例如，地方政府为了发展经济，往往会提出各种要求，而中央政府倡导的科学发展观到了地方政府往往变成急功近利的发展观。表现在选择土地使用规划方案时，口头上的主张和实际意见并不一致，这也是不同利益方、不同价值观的具体表现。这样导致了规划编制人员难以适从，盲目应付决策者的局面。

规划编制中的这些外部因素往往也表现为不同的发展政策，可以是有效的，也可能是错误的或无效的。如果规划编制过程中有合适的方法，表达多方参与人员的意见，一方面能够将各方的价值观与相关政策、措施建立对应关系，就能提供政策评估的有效性手段，使得不同政策背后不同的利益、不同的价值观变得透明；另一方面，将各方不同的价值观、不同利益清晰地反映在用地布局方案和对应的政策上，一定程度上也能够遏制规划决策中长官意志、朝令夕改的弊病。现有的规划编制技术难以实现这一要求。

此外，2008年开始实施的《城乡规划法》将城市规划的透明度、公众参与明确列入法律条文，提出“城乡规划报送审批前，组织编制机关应当依法

将城乡规划草案予以公告，并采取论证会、听证会或者其他方式征求专家和公众的意见”①。文本、图纸这些规划成果非专业人员难以看懂，更难以表达他们的意见。《城乡规划法》对规划的透明度、公众参与的要求实际上也是对规划本身提出的要求，要求有新的技术手段支持多方参与规划，提高规划的透明度。

因此，社会实践需要一种在城市总体规划阶段，体现土地使用规划与相应政策之间有对应关系的技术，提高城市总体规划决策的透明度、可参与性。

1.1.2 总体规划编制中需要新的用地布局方法

目前我国正处于快速城市化的历史阶段，特别在经济发达地区，扩大城市用地规模、调整用地布局是每次总体规划调整、修编的核心任务。按一般技术规程，现有的用地布局方法是先定城市性质、规模，做城市发展用地适宜性评价，再由专业人员提出多种布局方案，征求各方意见，选择方案并进一步调整，再进入更具体的总体规划编制阶段。

首先，在实际工作中，城市性质、规模、用地适宜性评价不变，产生的布局方案往往也各不相同，也就是说，相同的城市性质、规模、用地评价可能会有很多用地布局方案，而且相互之间的差异会很大。由于硬性约束条件不严，专业人员依靠经验产生的布局方案自然会多种多样。

其次，现实中城市发展往往会受到多种不确定的外部因素影响。大到国家宏观政策，小到一条高速公路的选线。这些外部因素在未来的变化不是城市规划师，也不是规划决策者所能左右的。规划实施中，这些外部条件的变化往往会导致总体规划的用地布局方案不断改变、不断调整。如何提高总体规划本身对外部条件变化的适应性，不但需要规划理论上的创新

① 见2008年1月1日起施行《城乡规划法》第二十六条。

和改进，也需要在规划编制技术上进行改进。

再次，现有的用地布局方法中，缺少可以直接用于政策检验的工具。现有技术尚不能在做出规划决策之前评估各种措施将会带来的影响，也不能直接提供与"规划图"相配套的规划对策，用于检验现有的政策是否符合"规划图"。如果能评估未来可能实施的政策所带来的影响，就能够回答"如果实施某种措施，会对土地使用的布局上造成哪些影响"这样的问题。

因此，在规划编制过程中，需要一种具有一定通用性的、用于产生用地布局的方法，用于提高规划工作效率，也需要一种政策检验的手段，用于提高规划方案对于未来不确定因素的适应性。

综上所述，社会实践需要在政策、决策和规划编制之间建立起相互联系、相互作用的通道。

1.1.3 国外土地使用规划支持系统实践的启示

西方城市规划学术界于 20 世纪 90 年代提出了规划支持系统(Planning Support System, PSS)的概念，进入 21 世纪，相关研究逐渐多起来 (Geertman and Stillwell, 2004; Klosterman and Pettit, 2005; Geertman, 2006)。各类规划支持系统中，土地使用规划支持系统是其中一个重要领域，在当前国外战略性规划研究中得到了初步尝试(Xiang and Clarke, 2003; Couclelis, 2005)。Couclelis(2005)总结了规划支持系统能够在战略性的土地使用规划中所能发挥的作用，包括：用于构建方案(Scenario writing)，想象、展望和明确规划目标(Visioning)、表达规划结果和相应行动政策(Storytelling)。西方城市规划界的研究表明：规划支持系统支持多方参与规划的模式，可以为代表不同利益群体、不同价值观参与规划的各方(决策者、专业规划师、普通公众)提供一个互动、沟通、交流的平台，提高规划过程的可参与性。使用规划支持系统，可以提供一种政策检验的手段、提高规划方案对于不确定未来的适应性。

规划支持系统与规划体制、决策机制有密不可分的关系。国外的每一个土地使用规划支持系统都产生在某种特定规划体制、决策机制的背景下。一方面，中国的规划体制、决策机制，乃至法律、经济发展水平、参与规划的条件都和西方国家有很大差异；另一方面，国外的类似系统仍处于探索阶段，无法直接套用，只能供借鉴和参考。所以，西方学术界提出的规划支持系统在学术思想上有参考价值。但是，适合我国的体制和机制的土地使用规划支持系统需要在理论、方法上开展研究。吸收西方发达国家的规划支持系统思想，立足现行规划体制、决策机制，针对规划实践需要，从理论、方法上探索城市总体规划中土地使用规划支持系统，是本书的基本出发点。

1.2 研究目标和研究内容

1.2.1 研究目标

本书的目标是探索适用于当前城市总体规划阶段的土地使用规划支持系统，建立该系统的理论框架和技术实现途径。该系统能够面向实践、符合中国城市规划实际情况。在总体规划阶段，为参与规划的各方提供一个多种政策、方案进行比较的平台；能够定量化地模拟不同政策、措施实施而导致的土地使用变化，从而达到辅助城市总体规划编制、方案选择和相应政策评价。具体包括以下两个目标：

(1) 提供一种在城市总体规划阶段，用于土地开发政策的评价和决策支持工具。为决策者提供政策与规划方案之间清晰的对应关系，为城市总体规划提供决策支持，提高决策的透明度。

(2) 研究一种城市总体规划中编制土地使用规划的方法及其支持技术。研究具有一定通用性、产生土地使用规划布局的方法，以增强规划方案的透明度为前提，提高规划编制工作效率、编制过程的可参与性。

1.2.2 研究范围

1. 针对城市总体规划，同时兼顾其他战略性规划中的应用

本书首先针对法定“城市总体规划”阶段的应用。一些非法定的战略性规划，如“战略规划”“概念规划”等，由于其涉及的土地使用规划与城市总体规划比较类似，本书也应该能够用于其中的土地使用规划。所以，本书中涉及的“总体规划”，在外延上也包含了战略规划、概念规划等非法定规划。

2. 针对土地开发政策的决策

本书所针对的“政策”特指“土地开发政策”，是对所研究区域内涉及土地的使用性质、空间布局和变化趋势进行干预的政策。具体包含城市用地增长的控制政策、非建设用地的空间管制政策、优先开发某些区域（或某类用地）的政策等，不包括和用地布局关系不密切的其他管理政策。这些政策直接干预土地使用，对未来土地使用布局有重大的影响。这些政策也是土地使用规划的具体实施措施。本书提及的“政策”，除有特别指明外，均指“土地开发政策”。

3. 立足我国现行城市规划体制的需要，密切结合总体规划实践

立足现行规划体制，就是要求本书中的系统，必须适应现有总体规划编制的要求，支持规划编制和决策，而不是试图去改变规划编制和决策的过程。系统所需要基础数据，必须立足当前城市规划编制的实践，以一般规划调查中能获取的资料为基础。立足于常规总体规划编制所能获取的资料、信息，实现前述的研究目标。为此，需要在系统框架、技术路线选取方面考虑实现的可能性。

4. 符合《城乡规划法》和《城市规划编制办法》的新增工作内容的要求

2006 年开始实施的《城市规划编制办法》以及新的《城乡规划法》都对城市总体规划提出了许多新的工作内容和要求。《城市规划编制办法》提

出，中心城区“划定禁建区、限建区、适建区和已建区，并制定空间管制措施”“研究中心城区空间增长边界”等新的工作内容①。《城乡规划法》中提出了“城市总体规划、镇总体规划的内容应当包括：城市、镇的发展布局，功能分区，用地布局……禁止、限制和适宜建设的地域范围”②。虽然立法中提出了新的工作内容，但是规划实践中需要新的技术手段实现这些新增内容。没有适宜的技术作支撑，相关法规难以贯彻。为此，本书不仅要针对传统的总体规划工作，更需要提出适用于以上新增工作内容的新技术和新方法。

1.2.3 研究内容

1. 理论研究

研究系统的理论基础，确定系统的总体框架。对国外已有的土地使用规划支持系统进行分析，比较其系统结构、土地使用建模方法、使用的计算机技术。在理论上，总结相关研究现状、发展趋势与不足之处。在此基础上，根据总体规划编制的要求，分析归纳土地使用规划布局的过程，提出系统的理论基础，选择系统建模方法，研究土地开发政策的模拟方法，构筑系统的总体框架。

探索以上系统总体框架的技术实现途径，选择适宜的软件平台和开发工具。研究系统框架的支撑技术；为系统的每一部分提出具体的技术实现途径。

2. 应用研究

在理论研究的基础上，选择若干典型实例展开应用研究。通过典型实例的应用研究，对系统总体框架、技术具体实现途径进行技术验证。典型

---

① 见2006年4月1日起施行《城市规划编制办法》第三十一条。
② 见2008年1月1日起施行《城乡规划法》第十七条。

实例的应用研究也是对系统的具体应用模式展开研究，是探索在不同目标下本系统在土地使用规划中进行决策支持的模式及作用。

1.3 研究意义和预期成果

本书的意义在于：在土地使用规划决策的支持理论和方法上有所突破，改变传统决策支持方式，在总体规划阶段为参与规划各方（决策者、规划师、普通公众）提供一个互动、沟通、交流的平台。参与规划各方的不同利益、不同价值观体现为不同的政策，根据不同的政策，产生不同的土地使用规划方案。每一土地使用规划方案都能与某些政策倾向建立联系，为决策者提供政策与规划方案之间清晰的对应关系，提供决策支持，反映不同的价值观、不同的利益倾向对规划方案的直接影响，提高决策的透明度。此外，规划支持系统与城市规划体制有密切的关系。本书也是在探索适用于我国实践的规划支持系统应用的理论和方法。

本书中所提出的系统，预期能够实现以下设想：第一是在总体规划编制过程中，可以支持用地布局方案的产生，支持规划专业人员之间进行方案比较；第二是可以作为“规划师—决策者”之间的沟通工具。借助本系统，规划师—决策者之间以互动方式探讨，模拟产生不同政策实施带来的土地使用变化及其影响；用可视化方式传达给决策者，寻求合理、透明的规划决策。

1.4 本书的结构

本书除引言外分为八章。以理论研究、技术实现途径研究、典型应用实例研究为顺序组织全书。

第 2 章是有关土地使用规划支持系统研究进展的综述。从计算机辅助规划的发展历程入手，讨论规划支持系统的渊源和特征；阐述规划支持系统与城市规划思想、城市规划体制的密切关系。随后，对国外已有的土地使用规划支持系统进行分析，剖析若干典型系统，比较其系统结构、使用的土地使用建模方法、其中使用的计算机技术及其实现途径和应用方法。总结土地使用规划支持系统的研究现状、发展趋势与不足之处。

第 3 章是系统的总体框架。从现有的总体规划编制的需求出发，根据国外已有的类似系统的特点，以用地评价、开发约束、用地分配三个部分构筑整个系统的框架。选择系统的土地使用建模方法，对系统的空间数据模型、软件平台、用地分析单元进行比较研究。

第 4、5、6 章，分别是用地评价、开发约束、用地分配三个部分的理论框架研究和技术实现途径研究。

第 7 章是验证系统作为“规划师—决策者”之间的交流平台的应用实例。选取山东省广饶县总体规划编制中的实例，对拟议中的多个土地开发政策进行评估。模拟不同政策实施后，带来的土地使用的变化，用于评估不同政策的实施效果，提高规划决策的透明度和科学性。

第 8 章是验证系统作为一种产生用地布局方案的通用方法的应用实例，也是验证系统作为规划编制中技术人员之间的交流平台的实例。选取云南省保山市总体规划为实例，借助情景规划的方法，研究规划区内未来土地使用变化，为制定可持续发展的土地使用规划，制定相关实施政策提供依据。

第 9 章既总结本书研究的特点，又对一些实例研究中反映出的具体技术问题展开讨论，对今后需要进一步深化研究的内容进行展望。

本书最后收录了两个附录，内容是在两个应用实例中，使用本系统的具体技术细节、详细工作流程以及相关程序的原始代码。其中附录 A 是广饶实例的相关技术细节和程序代码，与第 7 章的内容相对应。附录 B 是保山实例的相关技术细节和程序代码，与第 8 章的内容相对应。

第2章

相关研究的进展

规划支持系统(Planning Support System，PSS)是1989年由B. Harris首先提出并倡导的(Harris，1989)。在20世纪90年代的中后期开始，逐步为其他学者接受。进入21世纪以来，许多学术会议和相关论文都讨论了规划支持系统的范畴、用途及实践等。在国外，规划支持系统的研究与应用也日益增加，尽管大多数应用还处于研究阶段(Geertman and Stillwell，2004)，但也有了少量实用化的规划支持系统，甚至有少量商品化软件出现(Klosterman and Pettit，2005)。

本章首先讨论规划支持系统的渊源、产生的背景及其特征，目的是在于阐述规划支持系统与城市规划思想、城市规划体制之间密不可分的关系。随后，总结国外土地使用规划中规划支持系统研究、应用及其进展，比较其结构、技术和应用方法，为本书中的系统总体设计、技术实现途径选取、应用方法选择等提供依据与参考。

2.1　规划支持系统的渊源和特征

2.1.1　规划支持系统的渊源

规划支持系统的产生与西方城市规划界两个认识上的重要变化有关：一是对计算机在城市规划中作用的认识变化；二是对城市规划本体的认识，从“为公众规划”到“与公众一起规划”的变化。

1. 对计算机在城市规划中作用认识的变化

计算机辅助规划始于 20 世纪 50 年代，至 20 世纪 60 年代有了较大的发展。当时的城市规划正开始从“物质形态设计”为主导，转变为侧重理性决策过程“科学性”规划。为寻求一种“科学”的规划范式，引入了大量的计算机辅助模型，用于预测城市和区域发展，以各种大尺度城市模型(Large-scale Urban Model)为其中代表。进入 70 年代以后，西方的规划界出现了对于城市模型思想及其方法的广泛质疑和批评。1973 年，Douglass Lee 发表了《大尺度城市模型的安魂曲》一文(Lee，1973)，发起了对于此类模型的责难，批评此类计算机辅助的数学模型“过于复杂、过于综合、需要大量的数据”，以至于无用。此后，对于此类模型的研究还是在缓慢前进，大尺度城市模型的方法始终没有终止过(Wegener，1994)。大尺度城市模型应用的前提，认为计算机技术是“客观、中立”的，而且计算机中的信息也是与各种价值观无关的。只要提供更好的信息、更多的信息，依托合理的技术，就可以得出最优的规划。而这些假设在 20 世纪 70 年代被否定，导致了 70 年代以后城市规划中计算机应用的一次重要变化。

20 世纪 70—80 年代，城市规划中计算机应用的关注点从“模型”转移到了“数据”和“信息”的本身。计算机应用重点转向城市规划和管理业务的日常事务上，更加侧重于规划日常事务的自动化，侧重于信息存储、处理、显示表达。20 世纪 80 年代后期，城市规划领域开始引入地理信息系统(GIS)，逐步成为城市规划空间分析的主导工具，进入 90 年代之后，GIS 在城市规划中应用范围不断扩大(Yeh，1999)。但是，很快有学者认识到，GIS 不是为城市规划而产生的，也不能直接用于各种规划决策。单纯使用 GIS 不能解决规划中的所有需求(Harris and Batty，1993)。在这段时间内，数据库、CAD、可视化技术等纷纷得以应用，而在辅助规划决策上，计算机发挥的作用在这一时期并无大的进展(Batty，1994 - 1995)。

纵观计算机技术在城市规划中的应用历程，多年的研究实践产生了这样的共识：绝大多数规划的任务是无法通过计算机自动产生的，计算机使用始终在决策和设计中扮演一个支持角色(Batty，1995)。

2. 对城市规划本体认识的变化

规划支持系统的另一渊源来自对于城市规划本体认识的变化。20 世纪 60 年代以来，西方城市规划思想的演变导致了对城市规划本体认识的变化，由此带来对城市规划中应用技术——计算机辅助规划的认识变化，从而直接影响到了规划支持系统出现(钮心毅，2007)。

首先，从 20 世纪 70 年代开始西方的规划学术界意识到城市规划本质上是一个价值判断具有浓厚政治色彩的过程(Taylor，1998)，而在价值判断方面，规划师和所有人一样，并不生活在价值观的真空里。规划师无法做到真正的“价值中立”。同样，规划是一种公共政策，也不存在“价值中立”的规划。既然城市规划是一个充满价值判断的政治过程，那么在城市规划中使用的计算机技术也必须适应这一要求。寄希望于计算机技术能够提供不含价值观色彩的“科学”规划的思想是错误的。事实上，规划学界也已经认识到，已在城市规划中使用的计算机技术也总是受到各种价值观及其他因素的影响。技术专家、管理者的价值观都会影响到数据的选择、技术方法的选择等，从而影响结果“中立”。计算机技术必须能够反映、体现规划中的不同的价值观，而且体现各种价值观的技术必须是公开、透明、易于理解的，从而才能够解决前述的问题。

其次，既然认识到城市规划是一个价值判断的政治过程，那么城市规划的一个重要任务就是在规划过程协调各种价值观，促进实现符合各方利益的目标。20世纪70年代以来，西方的城市规划更加注重包括决策者、普通公众和规划师在内的“多方参与”规划机制，协调不同利益集团的关系。进入20世纪90年代以后，在西方规划界所谓“交流规划（communicative planning）”的城市规划思想开始流行。这一思想将城市规划的本质看作是一种“交流行为”，将规划的过程看作是一个“交流沟通（communicative）”和“协作（collaborative）”的过程（Healey，1992）。规划师寻找有不同政治倾向的、不同利益的各方人士、团体参与规划，力求全面反映全社会各个方面的观点，以求共识。交流、协商、沟通成为城市规划的重要任务。这种城市规划的“交流”视角实质是将传统城市规划从“为公众规划（planning for people）”转变到“与公众一起规划（planning with people）”。

西方城市规划逐步从“为公众规划”转变到“与公众一起规划”，需要有新的工具支持这种规划模式，能在其中起到交流、沟通的功能，为参与规划各方（决策者、规划师、普通公众）提供一个互动的、用于讨论的平台。这一转变深刻地影响到了规划支持系统的产生（Klosterman，1997，1999(a)；Harris，1999；Geertman and Stillwell，2003）。

2.1.2 规划支持系统的定义

自从“规划支持系统”这一名词提出以来，许多学者给出过不同的定义。综合20世纪90年代以来的多种文献，归纳起来，较为典型的定义有以下三个。

第一个定义是由Harris提出的。Harris(1989)将规划支持系统定义为：一种合适的模式，能将一系列计算机为基础的方法、模型组合为一个综合系统，使之能够支持空间规划功能。规划支持系统将GIS、模型、可视化功能组合起来，在规划过程中收集、组织、分析和交流信息。

第二个定义是由 Kolsterman 提出，认为规划支持系统是一个“所有目前（包括未来）使用中对规划有用的信息技术组成的信息构架”（Kolsterman，1997）。这一定义尤其指出，并不是所有城市规划中可以用的计算机技术都包含在规划支持系统内。在城市规划中应用与其他职业中应用没有区别的技术，如字处理等，不应包括在规划支持系统内。规划支持系统仅包括规划师为了完成其专业任务而专用的计算机应用系统。

第三个定义是 Geertman 和 Stillwell（2003）的观点，认为规划支持系统是由多种地理信息技术工具组成，包括在各种空间尺度、不同规划条件下，用于公共（私人）规划全过程（或部分过程）中提供支持的工具。规划支持系统是所有这些支持各种特定规划的地理信息技术的综合。

从这些不同的定义中可以发现，在目前国际主流规划学界尚未形成对于规划支持系统一致的定义。但是从以上几种定义中，可以总结出一些共同特点：第一，规划支持系统是用于“支持”规划决策，而不是直接制定规划。规划支持系统同在规划过程中，仅是提供各种技术支持。第二，规划支持系统是由“多种”技术组成，而不是某一种、某一类特定计算机技术。这些技术是与城市规划职业的需求直接相关的技术。第三，在规划业务之内、之外都能广泛应用的技术不应纳入，例如通用的 GIS，交通流量模拟系统。

2.1.3 规划支持系统的特征

尽管对于规划支持系统的定义和范畴尚未形成一致的界定，但是从进入 21 世纪以来，已经出现了许多个规划支持系统，虽然大多数还不成熟，处于试验阶段，但也有很少有商品化的软件产品，真正用于城市规划实践的也不多（Kolsterman and Pettit，2005）。在应用领域上包含在规划实施中公共参与，规划编制中的可视化分析、战略规划研究、土地使用规划、基础设施规划、环境管理和规划等，几乎覆盖了城市规划的各个研究领域。

目前实践中的规划支持系统，无论在结构上、内容与功能上都没有固定的模式。如“What-if?”系统(Klosterman, 1999(b))，是在 ArcGIS 平台上二次开发的商品化软件，应用于土地使用规划。K2vi(van Maren, 2003)是一个通用的互动式三维虚拟现实软件，仅用于支持空间数据可视化应用。另有针对特定问题的专用系统，如 STEPP(Carsjens and Ligtenberg, 2007)专用于荷兰城市的环境影响评估。还有如 SktechGIS(Geertman, 2002)一类，在结构上甚至不是一个完整的集成系统，仅仅不过是一组松散的工具组合而已，用于规划编制过程中的多方参与支持。总体上，规划支持系统(PSS)重点是在第一个“S”(Support，支持)上，而不在第二个“S”(System，系统)(Geertman and Stillwell, 2004)上。规划支持系统可以不是一个完整的应用软件，但是它必定支持规划实践。

基于对现有多种规划支持系统分析，笔者认为现有的规划支持系统都有以下几个共同特性：第一，与多方参与规划的城市规划思想密不可分，都支持“与公众一起规划”的多方参与规划模式，为参与规划各方(决策者、规划师、普通公众)提供一个互动的、沟通交流的平台。这一特征与西方城市规划界对规划本体认识的变化直接有关。第二，都是一种支持规划决策产生的工具。规划支持系统本身并不做出决策，也不直接推荐出最佳方案，只是在各个阶段规划的过程中提供各种支持。支持决策过程是透明的，不是“黑箱”式的。这一特征与规划学界对计算机在城市规划中作用的看法变化直接有关。

基于对现有多种规划支持系统的分析，笔者认为所谓规划支持系统，与其说它是一种城市规划中的计算机技术，还不如说是一种在城市规划中应用计算机技术新的途径，一种运用计算机辅助规划的新方法。在城市规划中，凡是符合上述两个特征的计算机应用系统都可以称为“规划支持系统”。

2.2 土地使用规划支持系统的研究现状

2.2.1 已有的典型系统

土地使用规划模型依托计算机技术模拟、预测土地使用的变化，是计算机辅助规划的传统应用领域之一。从 20 世纪 60 年代以来，相关的研究没有中断过。目前，使用较广泛的土地使用规划模型(系统)有 22 种(EPA, 2000)。此外，还有一些专用于特定对象的系统。根据 2.1 节中对规划支持系统特征的分析，这些模型(系统)中的相当一部分可以归入针对土地使用规划的规划支持系统。其中，CUF 模型、"What-if?"、SLEUTH、GAMe 是其中的典型系统。

1. CUF

CUF 模型(California Urban Future Model，加利福尼亚城市未来模型，简称为 CUF 模型)的研究对象是北加利福尼亚的旧金山海湾地区，预测该地区人口增长、用地增长的模式、位置，为土地使用政策和相应的规划提供一种分析、模拟手段，协助规划师、政府官员及市民比较不同的土地使用政策的实施将会有什么效果(Landis, 1994,1995)。CUF 模型由四个子模型组成，分别是：人口增长模型，用于产生未来人口增长预测值；空间数据库，存储土地数据；空间分配子模型，预测的人口增长分配到合适的用地中去，选择可供开发的土地及开发强度；附加—合并子模型，由一系列决策规则组成，将上一步空间分配中分配到新开发土地附加到城市中去，或者将其合并成新的城市，模拟城市扩张(图 2-1)。

2. "What-if?"

"What-if?"系统的产生受到 CUF 模型的很大影响。"What-if?"系统不是针对某一地区开发的，而是一个通用的技术平台(Klosterman, 1999

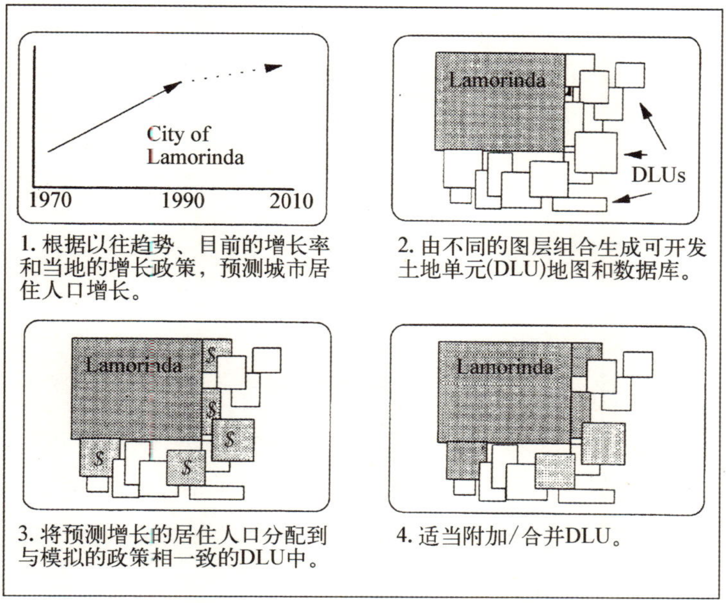

图 2 - 1　CUF 模型的组成和运行流程(Landis, 1994)

(b)),用于土地使用政策和规划布局的评估。"What-if?"的核心包括三个模块——土地适宜性评价模块、土地需求预测模块、土地使用需求分配模块(图 2 - 2)。"What-if?"系统的工作流程如下：首先进行土地适宜性评

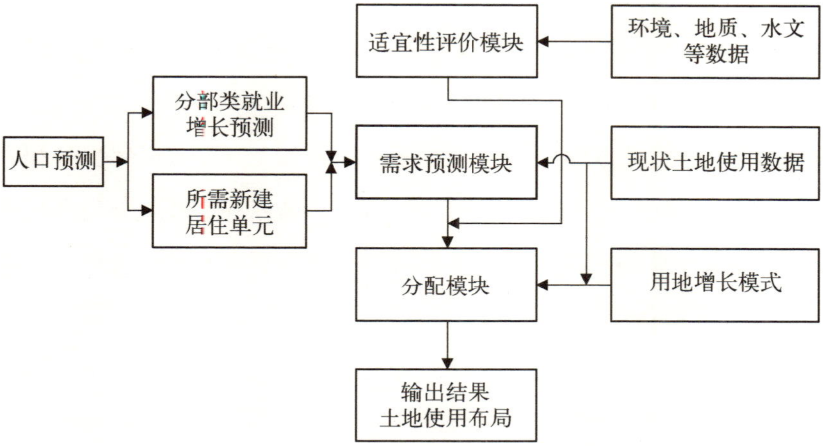

图 2 - 2　"What-if"的结构(根据 Pettit, 2005)

价，得到适宜性等级；再利用历年趋势和现状数据进行土地使用需求预测；根据模拟的不同政策，根据适宜性评价结果，将土地使用需求分配到各个地块上；得到未来不同的土地使用情况。“What-if?”系统已经有了一些应用，如俄亥俄州 Medina 县的农田保护政策评估（Klosterman et al.，2003）、澳大利亚 Hervey 湾地区战略规划（Pettit，2002，2005）。

3. SLEUTH

SLEUTH（Clarke et al.，1997）是一种基于元胞自动机模型的土地使用规划支持系统，其名称源于该系统五个输入变量的首字母（Slope、Landuse、Exclusion、Urban extent、Transportation 和 Hillshade）。它是采用元胞自动机模型方法，以均质网格空间单元为基础。每个单元有城市和非城市两种属性。使用不同的转换规则和四种城市增长模式，模拟不同情况下的未来城市土地使用变化。在旧金山（Clarke and Gaydos，1998）、华盛顿-巴尔的摩地区（Jantz et al.，2004）、里斯本（Silvla and Clarke，2002）等地的一些关于土地使用变化的研究中使用了 SLEUTH。

4. GAMe

GAMe（Growth Allocation Model）是美国新泽西州规划署自己开发的专用工具，用于新泽西州 566 个县市的土地开发规划预测（Reilly，2003）。GAMe 允许用户选择不同的土地开发政策，模拟生成不同的政策实施之后，带来不同的增长情况、相应的未来土地使用，以及相应所需的道路、市政、学校等公共投资数额。GAMe 并不对所模拟的政策进行优劣判断，也不提出最佳方案或推荐方案。审查、评估政策的实施效果以及是否到达预期目的都是由用户来判断。新泽西州规划署将 GAMe 作为一种多方参与规划决策的工具，目前主要使用对象是非规划专业人员，如普通市民、某些特定团体（如环保组织）。非专业人员可以使用这一系统，进一步修正所模拟的政策，直到符合某种价值观的预期结果，得到符合他们价值观的特定政策，从而为最终决策提供支持。

2.2.2 已有系统的土地使用建模方法

在这些研究土地使用变化的规划支持系统中，土地使用建模方法是其中的核心技术，用于模拟土地使用的演变。当前的各种研究土地使用变化的系统中，所采用的土地使用建模方法，可以归纳为以下三大类。

1. 基于规则的模型(Rule-based Modelling)的方法

采用基于规则的模型的方法建模的系统，以 CUF 模型和"What-if?"为典型代表。模型特点是不依赖于传统的空间相互作用模型，也不采用计量经济学的方法，而是采用一系列规则协助用户确定模型的运行方式。规则本身可以由用户指定。例如，在 CUF 和"What-if?"中，由用户决定不同的增长模式、开发条件、开发限制因素。采用了这一建模方法的系统还有 UPlan (Johnston et al., 2003)、CommunityViz (http://www.communityviz.com, Nedović-Budić et al., 2006)等。

2. 基于元胞自动机(CA, Cellular Automata)的方法

基于元胞自动机的各种城市增长模型，一般都采用网格化的单元(元胞)，每一个元胞有一系列不同的状态，例如"已开发""未开发"等，依靠制定的转化规则，确定每一个元胞在不同时间的状态。这些转化规则与每一单元及其相邻单元的当前状态有关。研究土地使用演化的 CA 模型自 20 世纪 90 年代初期开始出现(Batty, 1997)。近年来吸引了大量研究者，已经成为当前研究土地使用演变的最常用技术。基于 CA 模型的方法也产生了一些通用的规划支持系统，诸如 University of Illinois at Urbana-Champaign 所研究的 LEAM(Deal, 2003)。在这些基于 CA 模型的系统中，SLEUTH 是使用最为广泛的基于 CA 模型的通用系统。

3. 基于大尺度城市模型(Large Scale Urban Model)的方法

大尺度城市模型是传统的模拟土地使用的方法。自 20 世纪 90 年代以来也得到了一些发展，以 UrbanSim(Waddell, 2002 Noth et al., 2003)为其

中的代表。这一类方法使用空间相互作用模型和计量经济学的方法。这类方法所使用的模型本身较为复杂，涉及因素较多；但是由于相关方法的研究历史久远，其理论基础较为坚实。从计算机技术的应用方法上划分，这些模型都是采用了“黑箱”式的决策方法，不属于规划支持系统的范畴。但是，大尺度模型也影响到了一些规划支持系统中的土地使用建模方法。例如，GAMe 中就业岗位、住房等的预测都使用了基于传统的大尺度城市模型方法。

2.2.3 已有系统的技术实现途径

当前 GIS 技术的发展为研究土地使用变化提供了更多的方法和手段，包括公众参与、信息获取、方案的生成、更精确的数据分析（Riveira and Maseda，2006）。在技术实现途径上，现有多种土地使用规划支持系统无一例外使用了地理信息系统（GIS）技术，但是 GIS 在其中起到的功能、使用的技术实现途径各有不同。另一方面，这些系统往往是多种技术的综合，包括 GIS、可视化、传统决策支持系统等其他技术。

在这些土地使用规划支持系统中，GIS 起到的功能包括：信息获取和管理，提供更好的空间数据分析手段，为多方参与规划提供技术支持手段。

GIS 第一个作用是承担空间数据存储、维护、管理。例如：CUF 模型采用的“可开发用地单元 DLU”为基础的方法，没有 GIS 是无法实现的；SLEUTH 是采用了 GIS 的栅格数据模型模拟城市空间单元，更加适宜于表达连续的城市空间。GIS 作为空间数据库，大大提高了存储、维护空间数据的能力，与未使用 GIS 的系统相比，在空间表达上有了明显进步。GIS 的第二个作用是起到可视化表达工具的作用，用于空间信息显示和输出，将未来的土地使用布局以直观的形式表达给非专业人士，用于支持多方参与规划。大多数系统使用二维可视化的手段，也有如 CommunityViz 采用三维可视化方法为主。第三，GIS 在其中用于更精确的数据分析、支持方案生成，主要用到的分析功能包括叠合、缓冲区等。

在 GIS 应用上则采用了两种不同的实现途径。第一种是采用通用 GIS 软件为平台，进行二次开发实现。例如，CUF 是在 UNIX 工作站上使用 ARC/INFO，用 AML 宏语言二次开发实现的。“What-if?”是使用 ArcView 平台，使用 MapObjects 二次开发实现，后来移植到 ArcGIS 平台，使用 ArcObjects 二次开发。CommunityViz 也是采用 ArcGIS 平台二次开发实现。第二种途径是系统主体功能编写专用软件，部分功能借助通用 GIS 实现。例如，SLEUTH 采用编写专用模块，部分功能使用 ArcGIS（ARC/INFO），采用两者松散结合方法实现。

2.2.4　已有系统的应用方法

现有的土地使用规划支持系统，其使用过程一般符合以下模式。先预设几种未来可能发生的情况，接着再模拟出每一种情况的“情景”（Scenario）。根据每个“情景”，模拟产生不同的规划实施后土地使用变化，用可视化方式（二维、三维图形图像，图表等形式）传达给参与规划的各方，寻求符合各方利益和价值观的规划。在规划过程中，根据不同利益、不同价值观的参与方的意见，模拟不同的情景，得到不同的未来土地使用。通过这样的互动做出规划决策。

这种应用规划支持系统的方法一定程度上来自商业战略规划领域的“情景规划”（Scenario Planning）（van der Heijden，2005）方法的影响。这种基于“情景”的规划方式也是当前国外土地使用规划常用的方法（Xiang and Clarke，2003；Guhathakurta，2002）。

2.2.5　国内的相关研究

近两年，国内城市规划界开始有了对规划支持系统概念阐述和讨论（钮心毅，2006）。叶嘉安等对规划支持系统依托的方法、技术做了文献研究和若干方法总结(叶嘉安等,2006)。龙瀛(2007)对国际上规划支持系统所使用的主流技术、主流的应用方法进行了系统化的介绍。

结合规划实践,国内也有少量使用规划支持系统展开的研究,使用国外现成的系统,研究城市总体规划中的土地使用规划布局。例如,有学者尝试引进国外"What-if?"系统直接应用于城市总体规划的探索(杜宁睿、李渊,2005)。在北京市总体规划的修编前期,丁成日、宋彦等运用INDEX(一种基于栅格GIS的通用土地使用规划支持系统)对北京2020年城市土地使用布局进行了研究,模拟、评估了三种不同的规划方案,为规划编制提供依据(丁成日等,2006;Song et al., 2006)。

当前国内的研究均属于使用国外现成的系统,进行实验性的应用,尚未达到实用阶段。国内尚无针对土地使用规划支持系统本身的研究。目前,也不存在既适用于城市总体规划,同时又符合中国社会经济条件和规划体制的土地使用规划支持系统。

2.3 本章小结

规划支持系统的出现与城市规划思想的演变有着密不可分的关系。规划支持系统是一种支持规划决策产生的工具。当前西方国家出现的土地使用规划支持系统具有三个共性:① 这些系统与规划体制、决策机制密切相关,都是适应某种特定规划参与机制和决策机制的产物。② 这些系统综合了"多种"技术,尽管大多基于GIS平台开发,但是并不排斥可视化、传统决策支持系统等其他技术。③ 与传统计算机技术支持的城市土地使用规划模型不同,这些规划支持系统不产生最佳的土地使用方案,而采用交互、开放的构架;向参与规划各方(决策者、规划师、普通公众)提供一个多种政策、方案进行比较的平台(Klosterman, 1997,1999(b); Harris, 1999;

Geertman and Stillwell, 2003),允许用户定义不同政策,得出不同的土地使用方案。不再依赖于计算机产生“最佳的决策”,而是由用户选择所需要的方案。

在国外已有的系统中,其核心土地使用建模方法采用基于规则模型、CA模型、大尺度城市模型等三种方法;技术实现上多依托GIS实现;应用方法上与“情景规划”有密切的关系。国内的相关研究已有起步,但是尚无针对国内的规划体制的系统化研究。

对规划支持系统的产生背景、特征的讨论表明:一方面,规划支持系统与城市规划体制和决策机制有密不可分的关系,国外已有的系统都产生在某种特定规划体制、决策机制下;另一方面,我国正处于快速城市化阶段,城市发展也处于快速扩张阶段,面临的问题与西方发达国家也有明显区别。这些国外已有系统和相关研究有参考和借鉴的价值,但是不能直接照搬到我国的城市规划实践之中。适合我国现阶段城市总体规划应用的土地使用规划支持系统仍需要在理论、方法上进行探索和研究。

第3章 系统的总体框架

3.1 总体技术框架

本书目的是建立一个适用于城市总体规划中土地使用规划支持系统。系统的命名取自土地使用、规划支持的英文(Land Use Planning Support)的首字母,简称为 LUPS。以下均将本书中建立的实验系统简称为 LUPS。

3.1.1 土地使用建模方法选取

土地使用建模方法是模拟土地使用演化的关键技术。在第 2 章中,已经将目前主要的土地使用建模方法总结归纳为三种:① 传统大尺度城市模型;② 基于 CA 模型;③ 基于规则模型。

传统大尺度城市模型历史悠久,有较好的理论基础(经济学、地理学)支持,能分析交通与用地的相互作用。主要缺点是模型过于复杂,对资料、数据的要求很高。例如,UrbanSim 需要输入城市中每一地块的家庭人数、家庭收入、土地价格、就业岗位等。在国内现阶段,要在城市总体规划编制阶段收集这些人口、就业、经济等数据几乎是不可能的。其次,大尺度城市模型的另一缺憾是过于依赖各种数学模型,一般规划师往往不熟悉这些数学工具。

基于 CA 的模型虽然被公认为是模拟土地使用变化的有效手段，但是 CA 更加适合模拟用地的变化历史、估计未来趋势，而不是寻求最优的对策（Riveira and Maseda，2006）。这与本书目的明显不符。此外，CA 方法用于认识、模拟城市发展，前提是对历史上城市土地使用变化做出充分的分析和模拟，而且城市发展的动力在一段时间内是基本不变的。在这些前提下，可以根据历史上变化模拟出参数，用这些参数去预测未来的变化。但是，在当前快速城市化进程中，城市发展的动力往往是突变的、不确定的，规划的目的甚至是为了改变历史进程的简单延续。为此，根据历史数据的模拟，也不一定能够得出未来的情形。

基于规则的模型使用特定的规则协助用户决策。与基于 CA 的模型方法相比，由于规则直接模拟政策，更加适合于规划对策的研究。与大尺度城市模型方法相比，由于不依赖复杂的数学工具，对资料、数据的要求可以灵活掌握。规则本身制定得合理的话，也易于为决策者、规划师所理解。因此，比较符合本书的目的。但是，基于规则的模型方法的缺憾在于，由于不使用空间相互作用模型，不使用计量经济学的模型，将复杂的事物（规律）过于简化，不太精确，理论依据不很充分。

对以上的三大类建模方法的分析，本书选择采用基于规则的模型方法作为 LUPS 的土地使用建模方法，将规则和政策直接对应。

3.1.2　系统总体设计

城市总体规划中的土地使用规划布局过程可以抽象为："供给分析—需求预测—用途分配"的一个三阶段的过程。"供给分析"就是在特定的区域内，研究不同土地用途的适宜性，得出研究区域所有土地对各种用途的适宜性。"需求预测"就是预测规划期内对不同土地用途的需求量。"用途分配"就是将不同类型土地用途的需求，按照供给分析中得到的适宜性评价的结果，分配至整个研究区域内。用途分配的结果就是土地使用的规划布局。在第 2 章中，对若干国外已有类似系统的总体框架进行了剖析，这些系统的设计也大多使用“供给分析—需求预测—用途分配”这一思路来构造整个系统。

在这一“供给分析—需求预测—用途分配”的过程中，往往会有代表各种不同利益、各种不同价值观的外部条件会最后影响到分配的结果。在本书中，将这些外部条件归入土地开发政策。如何反映各种利益、各种价值观和其他外部条件对用地布局的影响，就是要把政策落实到用地布局中，用政策来干预土地使用。因此，需要在“供给分析—需求预测—用途分配”的过程中，增加政策这一环节。

基于以上基本思想，参照国外已有类似系统的总体框架，确定 LUPS 由三个子模型分别是用地评价、开发约束、用地分配。三个子模型依次使用，数据的输入、存储、输出均依托空间数据库。图 3-1 表示了 LUPS 总体框架。

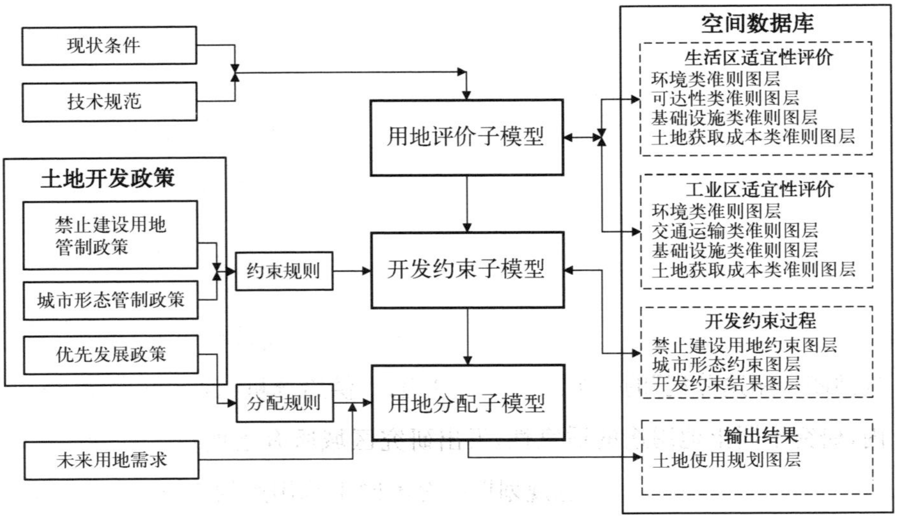

图 3-1　LUPS 的总体框架

1. 用地评价子模型

用地评价子模型用于评价不同类型建设用地的适宜性。按照不同用途的建设用地类型，分别对每一个基本用地分析单元进行适宜性评价。除了常规用地评价中考虑的水文、工程地质等因素，更加重要的是根据影响各类建设用地布局的不同因素(环境、基础设施、交通运输、土地获取成本等)进行综合评价。用地评价得到用地适宜性评价结果图层。由于建设用地有多种用途，不同用途对应的评价因素也会不同，由此就会带来针对不同用途的用地适宜性评价结果。

2. 开发约束子模型

开发约束子模型是将部分政策落实为约束规则，通过不同的约束规则来体现反映不同的土地开发政策。使用约束规则修正用地适宜性评价的结果，反映政策因素对用地适宜性的影响。开发约束的结果作为下一步用地分配的基础。

3. 用地分配子模型

用地分配子模型是将不同类型建设用地增长需求分配到合适的基本用地分析单元上。由于单个基本用地分析单元只能有一种用途，要在不同土地用途之间选择，用地分配就是这样一个选择的过程。按照各个基本用地分析单元的适宜性评价结果，按照特定的分配规则分配不同的用地性质。分配规则也可以反映特定的土地开发政策。分配完成后，对同类用地进行适当合并，就得到未来区域内的土地使用布局。

4. 空间数据库

空间数据库由一系列 GIS 图层组成，包含与土地使用相关的空间数据和属性数据。研究区域内的基础空间数据图层、系统输出成果图层均存储在空间数据库中。空间数据库也存储其余三个子模型在运行中产生的过程图层。

3.1.3 规则与土地开发政策

LUPS 采用基于规则的模型作为土地使用建模方法，使用规则表示土地开发政策。为此，进一步将本书中的土地开发政策细分为两大类。

第一类是对土地开发的位置、所开发用地性质进行限制约束的政策。这一大类政策控制、引导不同用途的建设用地开发的位置，禁止某些用途出现（或者不出现）在特定的空间位置。这一类政策归纳为“约束政策”。“约束政策”可以进一步分为“禁止建设用地管制政策”和“城市形态管制政策”。在 LUPS 中使用“约束规则”表示这一类政策。“约束规则”在开发约束子模型中发挥作用。

第二类政策是对土地开发的优先度进行调控的政策。这一大类政策确定不同类型建设用地的开发优先度，可以表现为某种建设用地优先于其他用地开发，或者所有建设用地同等优先发展。这一类政策归纳为“优先发展政策”。在 LUPS 中使用“分配规则”表示这一类政策。“分配规则”在用地分配子模型中发挥作用。

“约束政策”和“优先发展政策”都是实施土地使用规划的具体措施。代表不同的利益、不同价值观的规划参与方，对于如何实施这些政策会有不同的意见用不同的政策就可以体现这些不同的价值观、不同的利益。如何反映这些政策与土地使用规划之间的对应关系是 LUPS 的主要任务。

3.1.4 软件平台选择

参考国外已有系统使用的软件平台，LUPS 采用对通用 GIS 平台进行二次开发的方式实现。软件平台采用 ESRI 公司的 ArcGIS9.2，空间数据采用矢量数据模型，以 Personal Geodatabase 格式存储空间数据；使用 VBA 和 ArcGIS 提供的二次开发模块 ArcObjects 进行二次开发实现。

3.2 用地需求、用地分类和基本用地分析单元

3.2.1 用地需求预测

对建设用地的需求预测是城市总体规划中关键的一环。LUPS的总体技术框架中没有包含用地需求预测的环节，是基于以下的几点原因：

（1）现有总体规划中的用地规模预测方法不涉及空间因素

当前城市总体规划中的用地规模是由预测人口规模×人均建设用地指标得到。由于人均建设用地指标有着极其严格控制规定，所以几乎全国所有城市的人均规划建设用地指标都是100 m^2/人。因此，在总体规划中，建设用地的增长需求完全取决于预测的人口规模。现行各种城市人口规模预测技术、方法，预测过程、预测结果与空间分布无关①。在基础数据完备的条件下，这些预测方法完全可以采用电子表格等现成软件，经过简单的计算实现。

（2）现有总体规划中的用地规模预测不涉及不同类型建设用地需求

现有总体规划中的用地规模预测仅仅是建设用地总量的预测。按照现行《城市规划编制办法》，既没有对不同类型建设用地需求的技术规定，也没有相应的预测方法。目前所依据的方法都是根据国标《城市用地分类与规划建设用地标准》中的4.3.1条规定，依靠规划编制人员的经验确定某一城市的规划建设用地构成。

（3）在现行的体制下，规划用地规模已不是一个单纯的技术问题

确定规划用地规模会受到许多外部因素的影响。地方政府、上级政府

① 参见由深圳市城市规划设计研究院主编《城市人口规模预测规程（讨论稿）》（建设部）中规定的各种城市人口规模预测方法。

或审批机构都可能会直接提出各种数字上的要求。规划师往往只能被动地接受这些数字。另一方面,这些数字本身也是某种特定利益的表现。所以,这些要求也可以看作是某种特殊的"政策"。如果能够直接将这些数据要求对未来用地布局的影响直观地反映出来,可能也会便于规划师向决策者解释不同用地规模会对规划造成的影响。

因此,在 LUPS 中不把用地需求预测为系统的一个组成部分。用地需求预测按现行技术规程,采用常规方法独立进行。在使用 LUPS 时,认为不同类型用地的增长需求是已知的,作为用地分配中必备的外部数据输入。

3.2.2 建设用地的分类和构成

在国外已有的类似系统中,建设用地分类有不同的方法。在 LUPS 中,将建设用地划分为生活区和工业区两大类。其中,生活区包括国标城市用地分类中的居住用地(R)、公共设施用地(C)与直接服务于以上区域的绿地(G)、市政公用设施用地(U)、道路广场用地(S)、对外交通用地(T)。工业区包括了国标城市用地分类中的工业用地(M)、仓储用地(W)与直接服务于以上区域的绿地(G)、市政公用设施用地(U)、道路广场用地(S)、对外交通用地(T)。分别按两大类建设用地进行生活区适宜性、工业区适宜性评分。生活区和工业区的划分,一方面可以大大简化用地分配的算法;另一方面也比较符合在总体规划方案阶段,绘制土地使用规划结构图的工作深度和工作习惯,基本达到本系统研究目标的要求。

LUPS 中两大类建设用地构成比例是根据国标《城市用地分类与规划建设用地标准》中的关于各类建设用地构成比例规定(国标 4.3.1 条),并且根据所研究地域的实际情况进行调整。生活区和工业区两大类建设用地的需求比例也作为外部数据输入。

3.2.3　基本用地分析单元

基本用地分析单元是 LUPS 中进行用地评价、开发约束和用地分配的基本空间单元。LUPS 采用矢量空间数据模型表达空间数据，基本用地分析单元使用矢量多边形表达，由用地评价生成两大类建设用地的适宜性图层。两个图层叠合后产生的每一个矢量多边形地块作为 LUPS 的基本用地分析单元。这一做法源于 Landis 的 CUF 模型。CUF 模型将 DLU（可开发土地单元）作为用地评价的基本单元。DLU 由道路、人口普查区、城市边界、水文、铁路和机场、城市影响圈、坡度多边形、公路缓冲区、城市缓冲区、地震断层、主要农业用地、沼泽和湿地、给排水公用设施费用等 13 个图层叠合得到。这一方法为此后许多基于矢量数据模型的用地评价方法所使用（Klosterman，1999（b）），包括“What-if?”的用地基本单元 UAZ（Uniform Analysis Zones）。

但是，本书使得直接采用类似 DLU 的方法有一定难度。作为基本用地单元，每一单元面积大小对评价和分配结果有直接影响。CUF 模型的每一个 DLU 一般在 0.01～1 km^2之间，一个典型的评价区域内有 3 万到 5 万个 DLU，可以适应评价和分配的需要（Landis，1994）。由于我国当前城市规划基础数据条件的限制，无法收集到类似 CUF 所需要的十几种基础空间数据。这样会造成在 LUPS 中基础空间数据图层较少，各个图层叠合之后的每一单元多边形面积过大，甚至可能单个多边形达到 5～10 平方公里以上。基本用地分析单元面积过大，直接影响到用地分配时的需求分配精度和用地布局形态，就失去了整个研究的实际应用意义。

为此，本书借鉴栅格数据模型的特点，采用了增加网格单元图层的方法。将整个规划区域划分为 0.5 km×0.5 km 网格多边形单元图层。网格单元图层作为某些特殊准则地图基础，通过叠合，确保最终基本用地分析单元的每一单元面积不大于 0.25 km^2（图 3－2）。

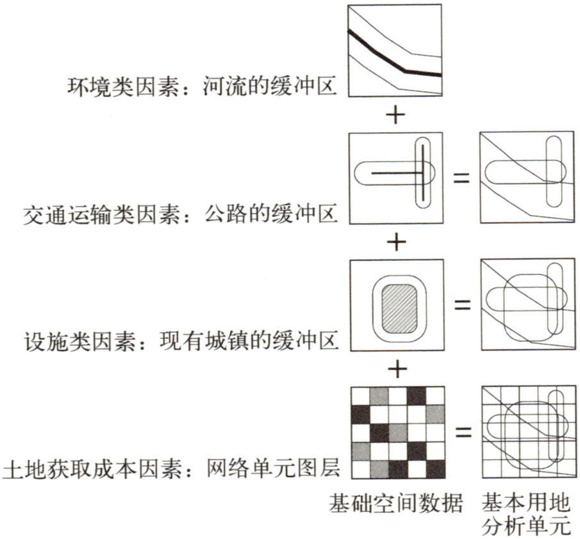

图 3-2　基本用地分析单元生成示意图

在如图 3-3 所示的案例中，每一个基本用地分析单元面积在 0.001～25 hm^2之间，整个研究区域 258 km^2有效研究范围由 9 524 个基本用地分析

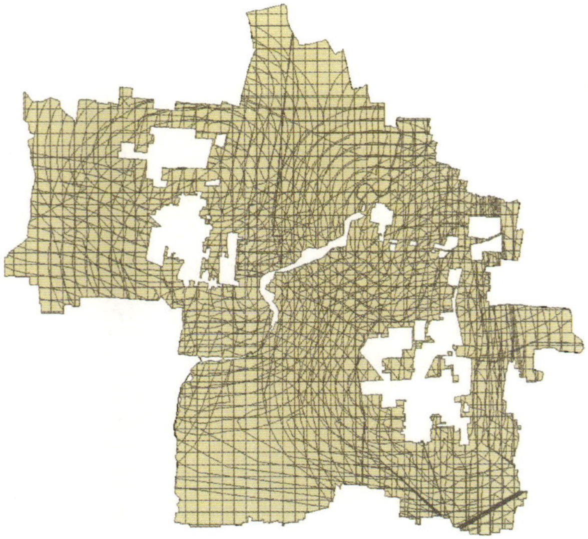

图 3-3　研究区域划分为多个基本用地分析单元的实例

单元(多边形)组成。

使用网格单元图层,还可以使得用地评价中的部分图层具有一致的空间划分,通过属性表的连接减少矢量多边形的叠合次数。这样,一方面可以避免出现叠合后大量细小破碎多边形,另一方面也可以降低由于多次叠合后,矢量多边形相互重叠的拓扑错误的发生概率。

3.3 本章小结

本章讨论了 LUPS 的总体技术框架、基本工作流程、用地分类和用地分析单元。LUPS 的总体框架由用地评价子模型、开发约束子模型、用地分配子模型、空间数据库组成。LUPS 选取基于规则的模型作为核心土地使用建模方法。使用“约束规则”和“分配规则”表达不同类型的土地开发政策。建设用地在 LUPS 中分为生活区、工业区两大类。两大类建设用地的增长需求预测不在 LUPS 中解决,而是作为外部数据输入。最后讨论了 LUPS 的基本用地分析单元的特点、生成方法及其优点。

第4章

用地评价

LUPS的用地评价子模型使用结合GIS的多准则决策方法作为核心评价技术。本章首先讨论该方法理论基础，随后提出了用地评价子模型的技术流程。在此基础上讨论具体技术实现途径。

4.1 结合GIS的多准则决策方法

4.1.1 传统土地适宜性评价方法及其局限性

土地适宜性评价是城市总体规划中的一项重要工作内容。将城市发展所涉及的用地范围划出，搜集地形高程、工程地质、水文地质、洪水水位、植被保护、农田保护、地下文物等资料，按城市建设用地的适宜性，将上述因素分门别类制作成专题评价地图，再用叠合方法，合并成综合用地评价图，为下阶段用地布局提供依据。这种方法早已写入城市规划专业教科书，也列入《城市规划编制办法》。

传统土地使用适宜性评价技术来源于McHarg在20世纪60年代提出的多因素叠合方法，将影响土地用途的每一因素形成单一图层，进而采用多个图层叠合求得最佳选址（McHarg，1969）。当评价因素较多、要求较细、不同因素间需要权衡比较时，使用 GIS 的叠合功能，可以减少工作量，增加灵活性，提高精确性。叠合(Overlay)方法用于土地适宜性评价是 GIS 的传统应用领域(Carver，1991)。但是，直接运用 GIS 叠合功能进行土地适宜性评价，存在诸多局限性(Janssen et al.，1990)。其中，最主要的两个局限性是：第一，简单叠合不能体现参加叠合的不同因素之间相对重要性；第二，简单叠合无法对所有地块按适宜性程度进行排序。

4.1.2 土地适宜性评价和多准则决策

多准则决策(或称多准则决策分析，在英语中称 Multi-Criteria Decision Analysis，即 MCDA；有时也称为多准则评价 Multi-Criteria Evaluation，即 MCE)是产生于决策科学领域的一种决策技术，它提供了一种在多重影响因素下，对一系列可行的候选方案，进行评价和决策的方法。20 世纪 90 年代开始，出现了 GIS 与多准则决策结合应用于城市规划研究的方法(Malczewski，2006)。GIS 与多准则决策的结合，既发挥了 GIS 在空间处理上的优势，也发挥了多准则决策在构造决策过程、评价候选方案上的优势。较为典型的研究有：Carver 将此方法用于英国放射性废弃物处置场的选址研究(Carver，1991)。Eastman 等将此方法用于尼泊尔的工业用地适宜性研究(Eastman et al.，1995)。Malczewski 等使用该方法研究加拿大安大略省 Sarnia 市的消防站选址(Malczewski et al.，1997)。Pettit 等用于澳大利亚布里斯班内城开发的土地适宜性研究(Pettit and Pullar，1999)，Jun 用于工业区选址研究(Jun，2000)，Joerin 等用于居住用地的适宜性评价(Joerin et al.，2001)。结合 GIS 的多准则决策研究已经取得了显著的进展，成为国际上研究城市规划中土地适宜性的主流方法(Malczewski，叶嘉安等，2006)。在 LUPS 中选取结合 GIS 的多准则决策方法进行工业区、生活区的适宜性评价。

4.1.3 结合 GIS 的多准则决策的基本方法

结合 GIS 的多准则决策的基本方法包括构造决策矩阵、确定准则权重、应用决策规则、敏感度分析,共四个阶段。

1. 构造决策矩阵

多准则决策的基础是构造一个决策矩阵(Jankowski, 1995; Malczewski, 2006)。决策矩阵由参与评价的一系列候选方案和评价准则组成。假设决策矩阵 C 是有$(1\cdots i)$个候选方案,$(1\cdots j)$个准则组成,决策矩阵 C 可以表示如下:

$$C = \begin{bmatrix} C_{11} & \cdots & C_{i1} \\ \vdots & & \vdots \\ C_{1j} & \cdots & C_{ij} \end{bmatrix} \tag{4-1}$$

式中,每一列代表一个准则(Criteria),每一行代表参加评价的一个候选项(alternative)。C_{ij} 是第 i 个候选项,在第 j 个准则下的得分。构造决策矩阵又可以细分为确定准则、由候选项生成准则地图、准则地图标准化处理三个步骤。

(1) 确定准则

评价准则(Criteria)是影响土地适宜性因素的细化,每个准则对应评价中一个细化的因素,如:地形高程、洪水水位等。

(2) 确定候选项,生成准则地图

在土地适宜性评价中,研究土地有关的问题,备选地块就是候选项。在本书中,采用矢量空间数据模型,在 GIS 中将候选项表示为矢量图层,在不同准则下,则表示为反映不同准则属性的专题图层,这种专题图层称为准则地图(Criteria Map)。使用 GIS 的叠合 Overlay、缓冲区 Buffer 等功能,根据不同准则的要求,生成不同的准则地图。得到的每一个准则地图和一个准则相对应。如果存在 J 个准则，决策矩阵就表达为 J 个准则地图。候选项在相应准则下的得分表示为准则地图中的某个属性。

(3) 准则地图标准化处理

由于各个评价准则之间存在量纲上的不同，在实际应用中，需要对 C_{ij} 进行标准化处理，将所有原始得分转化为 0—1 之间的无量纲数值，使得各个准则下得分便于相互比较。在本书中使用线性比例转换(Linear Scale Transformation)转换方法进行准则地图的标准化，计算公式为：

$$C'_{ij}=\frac{C_{ij}-C_j^{\min}}{C_j^{\max}-C_j^{\min}} \tag{4-2}$$

或

$$C'_{ij}=\frac{C_j^{\max}-C_{ij}}{C_j^{\max}-C_j^{\min}} \tag{4-3}$$

式中　C'_{ij}——第 i 个选项在第 j 个准则下的标准得分；

C_{ij}——第 i 个选项在第 j 个准则下的初始得分；

$C_j^{\max}$——第 j 个准则中最高得分；

$C_j^{\min}$——第 j 个准则中最低得分。

对于采用式(4-2)和式(4-3)的区别在于：如果准则的目标是要求最大化(得分越大越好)，使用式(4-2)；如果准则目标是要求最小化(得分越小越好)，则应采用公式 4-3。

2. 确定准则权重

准则权重(Weight)用来衡量各个评价准则之间的相对重要性。采用层次分析法(AHP, Analytic Hierarchy Process)，通过准则之间的两两比较计算权重。当存在 J 个准则时，w_j 是第 j 个准则的权重且所有权重之和为 1(式 4-4)。每一个具体应用实例权重需要根据当地实际情况确定，都会有所不同。

$$\sum_{j=1}^{J} w_j = 1 \tag{4-4}$$

权重用来衡量准则的相对重要性。权重值越大，就表示该项准则对决策的重要性越大。权重难以避免人为因素的影响。使用层次分析法可以尽量减小人为因素所带来的误差，但是不同人采用同一方法，仍可以得到不同的权重。不同的权重实际上也是表示了各人之间价值观的不同。在规划编制过程中，代表不同利益的各个参与方，对于同一组准则的权重，可能有不同的判断。为此，定量化的权重可以一定程度上使得决策背后的价值观变得透明，进而一定程度上提高规划的透明度。

3. 应用决策规则

在决策矩阵中，将以上几步产生的结果综合各个准则地图，生成评价结果。本书中使用简单加权法（Simple Additive Weighting Method, SAW）作为决策规则，根据决策矩阵和权重计算得到决策结果，计算公式为：

$$S_i = \sum_{j=1}^{J} w_j C_{ij} \tag{4-5}$$

式中，S_i是第 i 个候选地块的最终得分，C_{ij}表示决策矩阵中第 i 个地块在第 j 个准则下的得分，w_j是第 j 个准则权重。S_i值直接反映了适宜性评分的结果，S_i值越大适宜性越佳。

由于采用矢量数据模型，不同准则地图的候选项空间划分单元往往不一致。这需要依靠 GIS 的叠合（Overlay）功能解决。叠合所有准则地图后，再按式（4－5）计算，得出单一目标决策的结果图层，S_i表示为该图层的某一属性数值。

4. 敏感度分析

对准则权重进行敏感度分析，检验评分是否可靠。对权重值作少量调整，最终评分的变化不明显，评分结果比较可靠，如果评分结果变化明显，可能要重新调整各个权重数值，直到达到满意为止。

4.1.4　用地评价子模型的基本流程

在 LUPS 的用地评价中使用以上的方法，首先分别进行生活区适宜性、工业区适宜性评价，随后采用叠合的方法生成基本用地分析单元。用地评价子模型的流程包括构造决策矩阵，确定准则权重，应用简单加权法，敏感度分析，生成基本用地分析单元五个阶段，得到用地适宜性评价结果图层。先分别使用多准则决策方法得到生活区适宜性评价结果图层和工业区适宜性评价结果图层。两个结果图层再次进行叠合，产生用地评价结果图层。用地评价结果图层由基本用地分析单元组成。用地评价子模型的工作流程如图 4－1 所示。

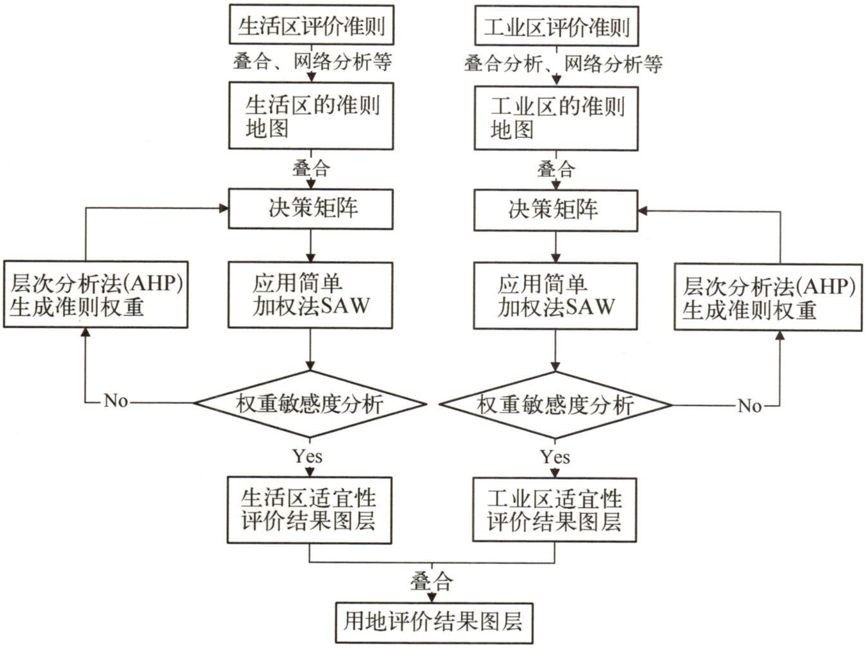

图 4－1　用地评价子模型的工作流程

4.2　准则的分类与选取

4.2.1　生活区评价准则的分类

在LUPS中，将影响生活区适宜性的评价准则划分为“环境”“可达性”“基础设施”和“土地获取成本”四大类。每一类准则可以具体细化一个或多个准则。环境类准则包括影响生活区选址的所有环境因素，可进一步细分为“与交通噪声源的距离”“与空气污染源的距离”等多个准则。可达性准则是衡量地块与城镇中心的接近程度，体现了与城市主要公共设施的接近程度，细化为一个可达性准则。基础设施准则是衡量生活区建设所需的基础设施投入量。土地获取成本类准则涉及获取生活区建设土地所付出的成本。在具体应用时，根据实际需要对四类准则进行细分或增减。

4.2.2　工业区评价准则的分类

影响工业区适宜性的准则选取“环境”“交通运输”“基础设施”和“土地获取成本”四大类。环境类准则包括了工业区可能影响周边环境的所有因素，可以细分为“与生态敏感区的距离”“主导风向的下风向”“河流的下游”等多个准则。交通运输类准则包括影响工业区选址的所有交通运输条件，可细分为“与高速公路出入口的距离”“与国道的距离”等多个准则。基础设施类准则考虑工业区建设的基础设施投入量。土地获取成本类准则涉及获取工业区建设土地所付出的成本。在具体应用时，根据实际需要对四类准则进行细分或增减。

4.2.3　选取准则的基本要求

生活区评价、工业区评价的几大类因素，具体应用时必须细分为若干准则。确定、细分准则必须符合以下的要求(Malczewski，1999；叶嘉安等，2006)。首先，确定的准则必须是可以定量表达的，可以根据准则，给每一个候选项赋予相应的得分值。有的准则如果无法直接用数量化的指标表示，必须将其转化为定量指标。其次，每一次评价中的一组准则，相互独立、没有多余、没有重复、内容不相互交叉。

4.3　环境类准则及其准则地图的生成方法

4.3.1　环境类准则的分类和细化

生活区、工业区适宜性评价的都涉及了环境类准则。在 LUPS 中，环境类准则地图的生成方法分成两类。绝大多数的环境类准则地图可以由 GIS 的缓冲区分析(buffer)方法产生的准则地图。例如"与生态敏感区的距离"准则，可以由生态敏感区的多边形直接使用 buffer 产生缓冲区。在工业区布局时，必须考虑主导风向对工业布局的影响，"主导风向"准则难以简单使用 buffer 产生。为此，在 LUPS 中提出了一种生成"主导风向"准则地图的方法。

4.3.2　生成"主导风向"准则地图的方法

"主导风向"准则地图以网格单元图层为基础生成。在第 3 章中已经讨论过，网格单元图层是由 500 m×500 m 的方格单元组成。具体分四个步骤产生"主导风向"准则地图。

1. 根据风向玫瑰求得风向影响多边形

一般风玫瑰以 16 个方向表达风向风频。在 LUPS 中，将其进一步简化为平面上四个象限。在如图 4－2 所示的风玫瑰，其最大风向象限在第三象限，生活区的第三象限方向对布局工业区有限制，将其简化为风向多边

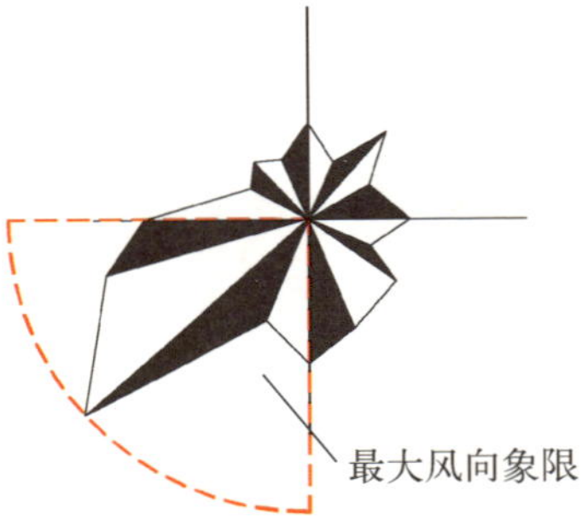

图 4－2　风玫瑰与风向多边形

形(图 4－2)。

根据未来可能布局的工业类型，根据城镇生活区的距离进一步确定风向影响区(图层 wind_polygon)。风向影响区又分为禁止区(1)、受限区(2)。禁止区、受限区范围根据工业类型、生活区的本身规模划定(图 4－3)。

2. 确定风向影响范围

图层 wind_polygon 与网格单元图层 cell，进行空间相互位置查询(select-by-location)，根据查询结果赋值属性，将整个规划区域划分为：禁止区、受限区、未受影响区域(图 4－4)。

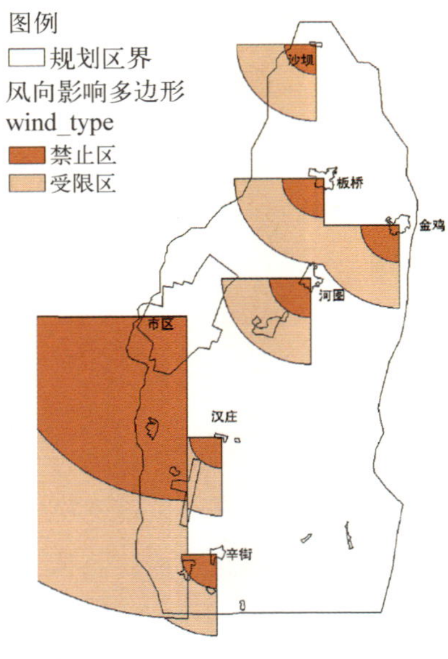

图 4－3　风向影响多边形 wind_polygon，禁止区、受限区

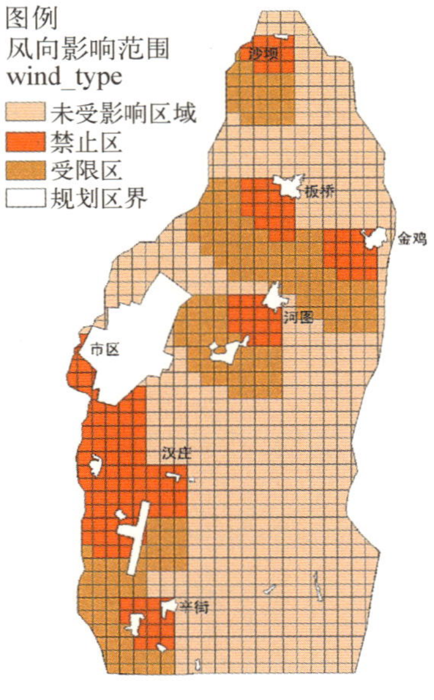

图 4－4　各个生活区风向影响范围图

3. 计算的各个网格单元的得分

在禁止区内不能布局工业区，得分为0；未受影响区域可以布局工业区，

得分为 1。受限区的得分，根据所在单元与禁止区边缘的距离计算得分。具体方法如下：

(1) 受限区的单元转换为点图层 wind_polygon2。

(2) 每一个城镇生活区涉及图层 wind_polygon2 的点，使用 near 分析功能，计算点到对应生活区形心点的距离，保存在图层 wind_polygon2 的“real_dist”字段中。

(3) “real_dist”字段中的距离数值减去对应禁止区的半径，得出与禁止区边缘的实际距离，保存在字段“dist_sub”中，如图 4－5 所示。

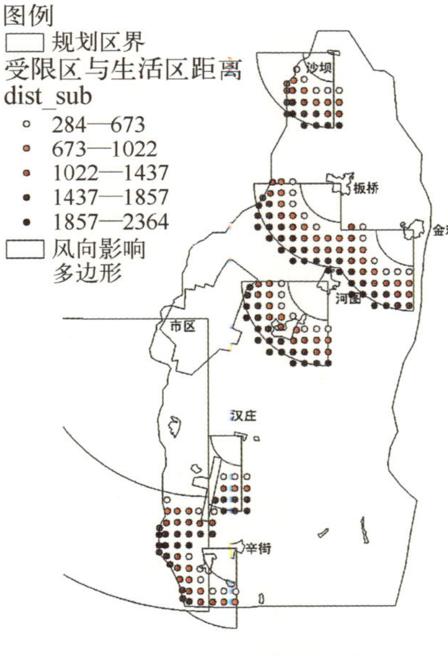

图 4－5　受限区内各个地块得分

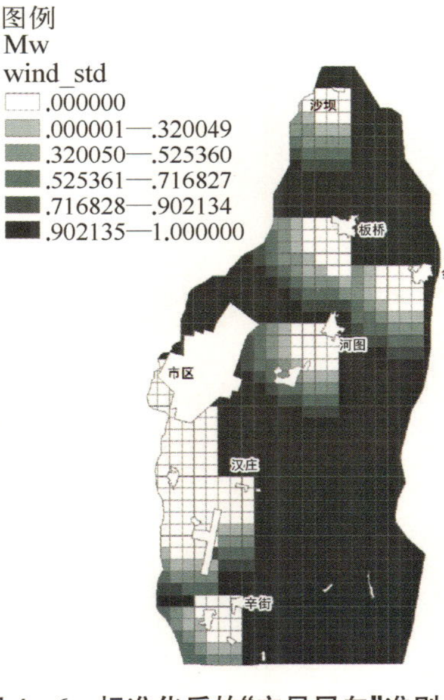

图 4－6　标准化后的“主导风向”准则地图

(4) 图层 wind_polygon2 与网格单元图层 cell 的属性表进行连接 join，得到其字段“dist_sub”数值作为受限区的得分。

4. 对准则地图进行标准化

采用公式 4－3，对准则地图 cell 进行标准化，从而完成“主导风向”准则地图(图 4－6)。

4.4 可达性准则及其准则地图的生成方法

4.4.1 “可达性”的概念

可达性(accessibility)既与交通条件相关,也与该用地分析单元所处的区位有关。在本书中,不再对这一类准则进行细分,而是直接使用抽象的“可达性”准则表示。

不同的交通方式、不同的人群、不同的出行目的都会有不同的“可达性”。如何衡量“可达性”一直是城市规划、城市交通研究中的一个重要议题。已有许多研究都提出过不同概念的可达性、不同的衡量计算方法(Geurs and van Wee, 2004)。常用的衡量方法有:基于机会的方法(Opportunity-based measures)、基于引力的方法(Gravity-type measures)、基于效用的方法(Utility-based measures)和空-时方法(Space-time measures)(Liu and Zhu, 2004)。

根据本书所针对的问题,可达性准则表达的是宏观可达性,采用基于引力的方法衡量某一用地分析单元与城镇中心的接近程度,体现了规划地块与城镇主要公共设施的接近程度。本书采用基于引力模型的方法计算可达性,以单约束的势能模型表示宏观可达性指标(宋小冬、钮心毅,2000)。假定规划区域内有 K 个城镇中心,地块 i 的宏观可达性 A_i 的计算公式为:

$$A_i = \sum_{j=1}^{K} M_j \exp(-\beta d_{ij}) \tag{4-6}$$

式中,A_i 为 i 地块的宏观可达性指标,M_j 是第 j 个城镇中心的吸引力,用该中心所在区域内的居住人口衡量,参考类似模型在城市交通规划中的应用,在研究城市内部交通时多采用以 e 幂次方的指数函数形式作为出行成本函数。在 LUPS 中也采用以 e 幂次方的指数函数形式作为出行成本函数。d_{ij} 是地块 i 到城镇中心 j 的交通成本，采用地块 i 到城镇中心 j 的网络最短路径计算。β 是距离衰减系数，取值可以在 0.5～2.0 之间。在 LUPS 中，一般情况下采用 $\beta = 1$。

由于可达性准则包含了交通因素、区位因素对生活区适宜性的影响，因此，生活区评价中不再考虑交通运输的因素。

4.4.2 "可达性"准则地图的生成方法

可达性准则地图由网格单元图层为基础生成。每一个网格单元作为发生点（O 点），研究区域内的城镇中心作为吸引点（D 点）。表达吸引力的 M_j 是已知的，距离衰减系数 β 取值也可以预先确定，所以只要计算 d_{ij} 即可。在 ArcGIS 中，使用 network 中的 New OD Matrix，可以计算获取在网络附近的 O、D 之间的网络最短距离 OD 矩阵（直接包含了 d_{ij}）。但是，绝大多数网格单元并不在网络附近，如何计算这些单元的 d_{ij} 是需要解决的关键技术问题。

1. 网格单元的 d_{ij} 组成

网格单元 i 到某一城镇中心 j 的距离由三个部分组成。单元 i 到位于网络连接（edge）上的最近单元 i' 的距离 $d_{ii'}$；i' 与吸引点 j 最近的网络链接（edge）上的单元 j' 之间的网络最短距离 $d_{i'j'}$；j' 与吸引点 j 之间距离 $d_{i'j'}$（公式 4－7）。

$$d_{ij} = d_{ii'} + d_{i'j'} + d_{j'j} \tag{4-7}$$

一般情况下，城镇中心 j 都会位于道路沿线，也就单元 j 直接位于网络连接上（图 4－7），公式可以简化成（公式 4－8）：

$$d_{ij} = d_{ii'} + d_{i'j} \tag{4-8}$$

式中，$d_{i'j}$ 由网络分析计算得到，$d_{ii'}$ 由两个单元之间的直线距离计算得到。

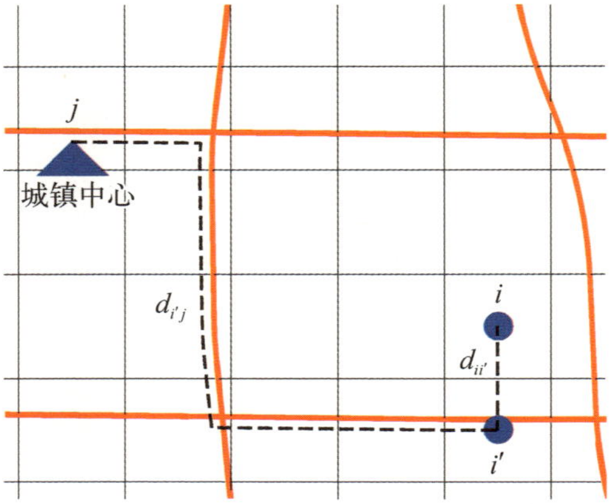

图 4-7　网格单元 i 到某一城镇中心 j 的距离示意图

2. 确定城镇中心

在研究区域中，每一片连续的城镇生活区都具有一个城镇中心。城镇中心(点)的具体位置可以根据实际调查标定，也可以根据现有生活区多边形，使用 ArcToolbox 的 Feature to Point 工具生成现有生活区多边形形心点，作为城镇中心。基于上面讨论过的原因，尽可能保证城镇中心位于道路网的沿线。

4.4.3　"可达性"准则地图的生成步骤

根据以上公式和计算方法，生成"可达性"准则地图过程包括 10 个步骤。其中，初始空间数据包括：道路图层 road、网格单元图层 cell_area、城镇中心图层 city_center(图 4-8)。

(1) 使用 Select by location，在网格单元图层 cell_area 上，依次分别选择与图层 road 相交(intersection)、不相交的网格单元，使用 ArcToolbox / Feature to Point，将其转换为两个点图层，cell_on_road 和 cell_not_on_road(图 4-9)。

(2) 由道路图层 road 产生网络 road_net。

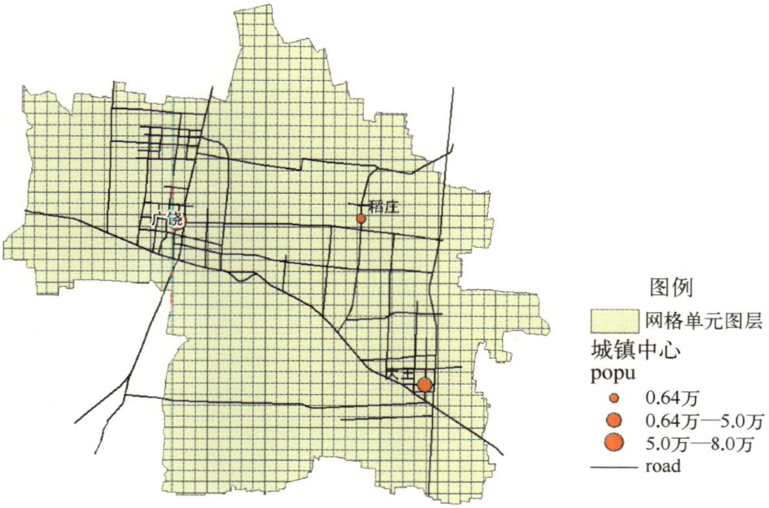

图 4－8　城镇中心与网格单元图层、道路图层

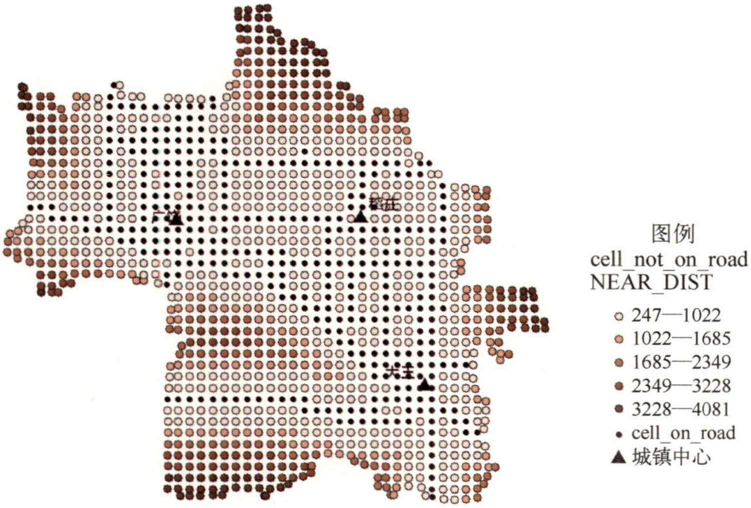

图 4－9　不在网络上的点(cell_not_on_road)到与其最近的网络上点(cell_on_road)的距离 $d_{ii'}$

(3) 使用网络分析工具 New OD Matrix，以 cell_on_road 为 O 点和 city_center 为 D 点，计算 OD Matrix(即 $d_{i'j}$)。OD 结果保存在 line 的属性表中。

注意，其中 Location position 中的 search 值应大于 cell 单元边长的 $\frac{\sqrt{2}}{2}$ 倍，即353 m。

(4) 使用 select by attribute，将生成的 OD 表，分别输出为单个 D 点距离的外部表。

(5) 作属性表连接(join)，依次将多个单个 D 点距离外部表连接到 cell_on_road 上，为 cell_on_road 上每一点赋予到各个城镇中心 D 点的网络距离数值。赋值后去除表格连接。图 4－10 显示 cell_on_road 上每一点到单一城镇中心的网络距离。

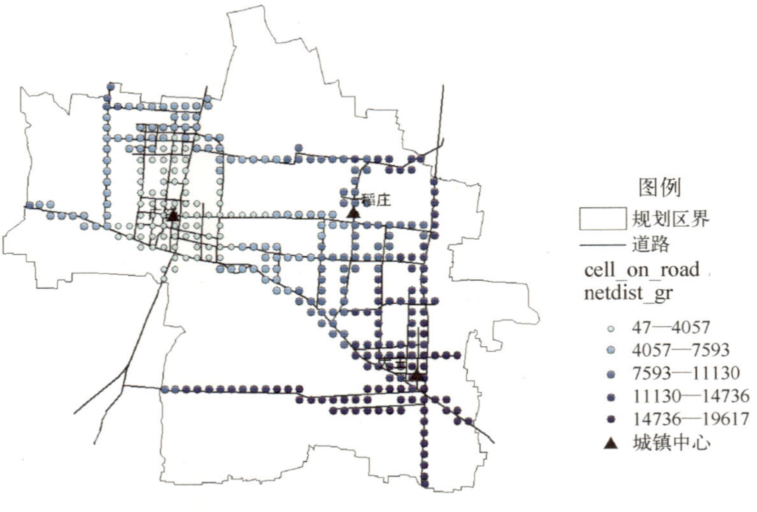

图 4－10　网络上的点(cell_on_road)到单一城镇中心 j 的网络距离 $d_{i'j}$

(6) 使用 ArcToolbox 中的 Near 工具，计算 cell_not_on_road 与 cell_on_road，对应点与点之间最短直线距离(即 $d_{ii'}$)，如图 4－9 所示。

(7) 作属性表 join，连接 cell_not_on_road 和 cell_on_road 的属性表，为 cell_not_on_road 的点要素赋值网络距离(即 $d_{i'j}$)。去除表格连接。

(8) 使用 ArcToolbox 中的 Merge 工具，合并 cell_not_on_road 和cell_on_road 为图层 cell_merge。cell_merge 的属性表中保存了从每一 O 点到

每一 D 点的 $d_{i'j}$ 值和 $d_{ii'}$ 值，计算得到 d_{ij} 值。图 4－11 显示 cell_merge 上每一点到单一城镇中心 j 的距离 d_{ij}。

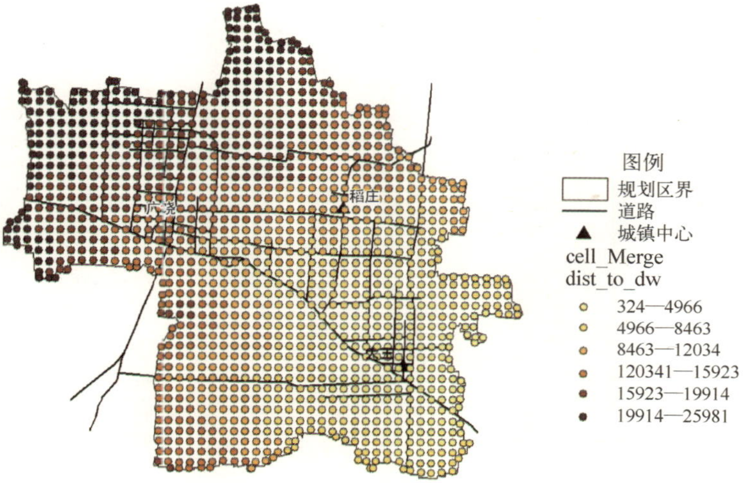

图 4－11　距单一城镇中心的网络距离 d_{ij}

(9) cell_merge 和 cell_area 作 spatial join，生成结果图层 cell_net_dist。应用公式 4－6 计算可达性指标(图 4－12)，并且用公式 4－2 进行标准化。

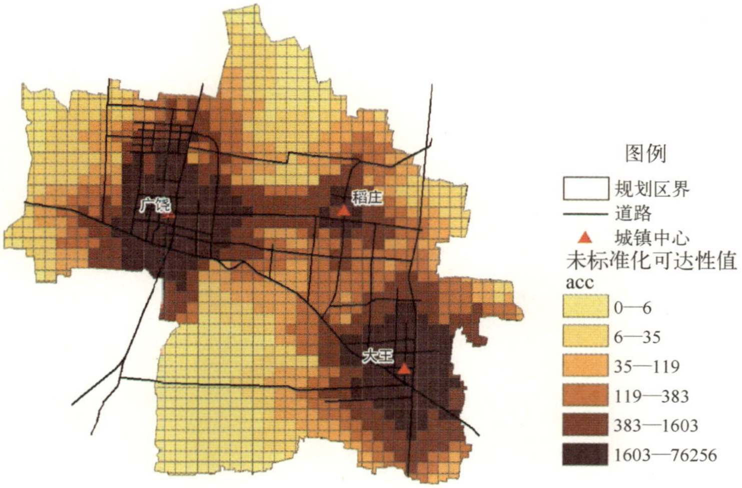

图 4－12　未标准化的可达性准则图层

(10) 剔除 cell_area 中的已建区,得到可达性准则地图(图 4-13)。

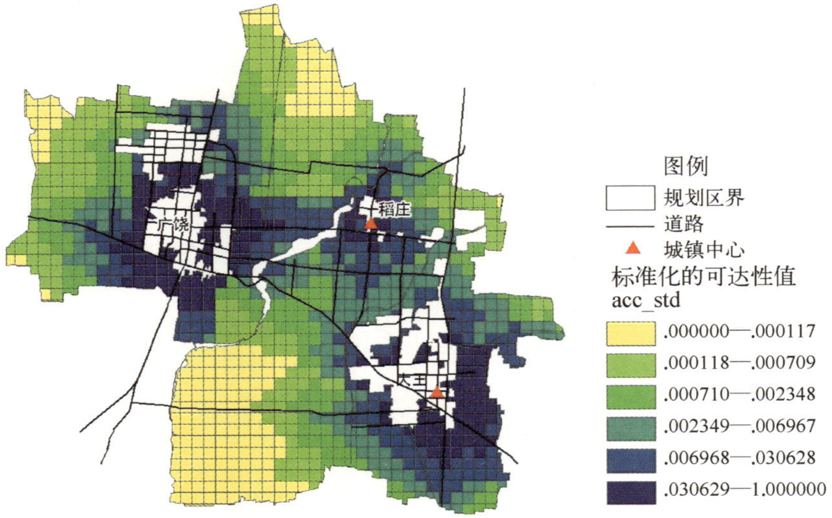

图 4-13　标准化后的可达性准则图层

4.5　基础设施类准则及其准则地图的生成方法

4.5.1　基础设施类准则的细化

生活区、工业区的适宜性评价都涉及了基础设施类准则。以生活区为例,新建生活区必须考虑与许多已有社会基础设施(学校、医院等)的距离,也需要考虑与已有市政基础设施的距离。无疑,距离现有生活区越近,新区建设基础设施投入相对越少,所以基础设施因素可以综合表达为一条“与现有生活区的距离”准则(Joerin et al., 2001)。同样,在工业区适宜性评价中,以距离现有工业区远近,衡量新建工业区基础设施的投入量,表达为“与现有工业区的距离”准则。

4.5.2　基础设施类准则地图的生成方法

“与现有生活区的距离”准则、“与现有工业区的距离”准则，可以由 GIS 的缓冲区分析(buffer)方法直接产生准则地图。

由于研究区域内往往存在多个已有生活区，新建生活区可能同时受到多个已有生活区的影响，同时位于多个已有生活区的范围内，各个已有生活区本身的基础设施总量、服务水平也不一致。为此，提出了“面积加权系数”计算方法，将已有各个生活区面积作为衡量各个城镇生活区已有基础设施服务水平指标。城镇生活区面积越大，相应基础设施配置水平越高，相应对新建生活区所能提供的支持也越大。如果新建区在多个已有生活区的缓冲区范围之内，选取距离加权之后最大值作为准则“与现有生活区的距离”的原始得分。具体计算公式为：

$$S = \max(S_1D_1,\ S_2D_2 \cdots S_kD_k) \tag{4-9}$$

式中，S 是某一地块在此准则下的原始得分，S_k 是第 k 个现有生活区的面积，D_k 是地块与第 k 个现有生活区的距离，max 函数是计算最大值。采用公式 4-9 计算得到 S 值，采用公式 4-3 对 S 值进行标准化后得到准则地图。

4.6　土地获取成本类准则及其准则地图的生成方法

4.6.1　土地获取成本类准则的细化

在城市总体规划阶段收集的基础资料中，很难得到规划区域内所有地域的土地获取成本。在 LUPS 中推荐使用“现有村庄的密度”为土地获取成本的评价标准。某地块内农村居民点的密度越大，征地的土地获取成本就越高，越不适于工业区发展。在多数情况下，也不适于生活区发展。使用这一准则，优点在于数据可以直接从地形图上读取，获取数据较易，比较适合于在总体规划阶段使用。

4.6.2 "现有村庄密度"准则的地图生成方法

"现有村庄的密度"准则地图以网格单元图层为基础生成。使用网格单元图层与土地使用图层叠合。对叠合之后的图层，按网格地块的编码分类汇总村庄面积；将汇总后的表格连接回网格单元图层。在网格单元图层内计算每一网格单元的村庄密度，作为该准则的原始得分。采用公式 4-3 标准化后，得到准则地图。

4.7 交通运输类准则地图及其生成方法

交通运输类因素包括影响工业区选址的所有交通运输条件，包括铁路、机场、公路等的影响，应按照交通运输方式细分为若干准则。这些准则对应的准则地图生成方式有所区别。

1. "点"状交通设施对应准则地图生成方法

铁路、机场、高速公路、港口的交通运输条件都可以归入此类。这类准则地图使用 network 的基于网络服务区分析产生。铁路站场、机场、高速公路的出入口、港口分别作为网络服务区上的设施点。网络是由普通公路(国道、省道、县乡道、城市道路)生成。

2. "线"状交通设施对应准则地图生成方法

对国道、省道等对于工业区布局至关重要的交通运输条件归入此类。这类准则地图可以直接由 buffer 产生。

4.8 本章小结

LUPS 的用地评价子模型使用结合 GIS 的多准则决策进行适宜性评价。基本方法是先分别进行生活区适宜性评价、工业区适宜性评价，随后将两者的评价结果进行叠合，生成基本用地分析单元，得到适宜性评价结果。在 LUPS 中，将影响生活区适宜性的准则选取为“环境”“可达性”“基础设施”和“土地获取成本”四大类；影响工业区适宜性的准则选取“环境”“交通运输”“基础设施”和“土地获取成本”四大类。每一类准则可以具体细化一个或多个准则。准则地图的生成方法各有不同，本书中对于每一类准则都提出了准则地图的生成方法，但是目前的用地评价方法尚没有完全标准化和规范化，难以使用统一的界面、统一的工具完成。所以，当前用地评价子模型尚处于技术方法阶段，离稳定的工具还有较大的距离。

第5章 开发约束

5.1 约束规则与约束政策

LUPS的开发约束子模型使用“约束规则”模拟土地开发政策中的“约束政策”，修正用地评价的结果。相当部分的土地开发政策可以视作是对规划区域内土地开发的约束条件。所谓“约束”(Constraint)是用于限制开发的类型与位置的条件。这些条件组成“约束规则”，根据约束规则，剔除不符合要求的用地分析单元。

例如，工业区选址不能占用自然保护区，就应该将自然保护区内的用地分析单元剔除出候选范围。“工业区不能占用自然保护区”的要求就是一种约束规则，也是一种特定的土地开发约束政策。

开发约束子模型所能模拟的土地开发政策包括两大类：“禁止建设用地管制政策”和“城市形态管制政策”。

5.1.1 针对非建设用地的“禁止建设用地管制政策”

“禁止建设用地管制政策”是为达到特定目的，在规划区域内划定某些必须保护的区域，将这些区域划为禁止建设用地。这些特定目的包括：基本农田保护、水源保护、生态敏感区保护、风景名胜区保护等。毫无疑问，这些因素都是城市总体规划中必须重点关注的。但是如何落实这些目的，具体实施的措施上会有各种不同的选择。参与规划的各个部门，从自身的利益出发，也会有不同的实施意见。在决策者中，地方领导和上级主管部门也可能有不同的实施意见。例如，水务部门可能会倾向于尽可能扩大水体保护的范围，而旅游开发部门则可能倾向于水体周边土地更多地投入开发。这些不同的措施反映了不同部门利益与不同价值观在实现同一目标上的差异。这些差异的具体化，就是不同的禁止建设用地管制政策。

由于在本书中涉及了两大类建设用地的用途，相应的“禁止建设用地管制政策”可以进一步划分为两类。

第一类是同时针对生活区、工业区的禁止建设政策。这类政策所约束的区域，同时禁止生活区、工业区开发。例如：“划定基本农田保护区”“划定生态敏感保护区”“划定风景名胜保护范围”等。

第二类是针对某一种建设用地的禁止建设政策。这类政策所约束的区域，仅禁止其中一类用地的开发。例如，对于某些人文景观保护区、一般农田地区、山林绿化区，在这些区域内禁止建设工业区，但允许建设生活区。

5.1.2　针对建设用地的“城市形态管制政策”

城市形态管制政策是为了控制建设用地无序蔓延，引导合理的城市形态，在规划区域内划定某些特定区域，集中在这些区域内进行开发。城市规划实施中的不少政策可以归入此类。“摊大饼”式布局、“组团”式布局、“带状城市”布局等，都是对城市形态进行某种管制政策的结果。不同的城市规划理论、思想也会影响到对城市形态（或者建设用地）的管制方式上，远的有“有机疏散”，近如“精明增长”。与前述“禁止建设用地管制政策”不同。关于这些不同政策的讨论，更多集中在规划师与决策者之间、规划师与规划师之间。

由于在本书中涉及两大类建设用地用途，相应的“城市形态管制政策”也划分为两类。

第一类是同时针对生活区、工业区的形态管制政策。这类政策所约束的区域，生活区、工业区都必须在这些区域内开发。例如，建设用地必须在现有城镇周边“同心圆发展”或者建设用地必须“沿现有道路发展”等政策(Klosterman et al., 2003)。

第二类是针对某一种建设用地的形态管制政策。这类政策所约束的区域，仅有其中一类建设用地必须在这些区域内开发，也可以同时为工业区、生活区制定不同的管制政策，划定不同的开发区域。例如，规定生活区必须“同心圆发展”，但是工业区必须“沿现有道路发展”等政策。

5.2 评价准则和约束规则

在总体规划中有许多因素会影响用地布局。在 LUPS 中，有些因素作为影响用地适宜性的评价准则，在用地评价子模型中使用；另外一些因素作为约束规则，在开发约束子模型中起到作用。事实上，某些因素，例如“基本农田保护”，可以作为“土地获取类”评价准则使用，在适宜性评分中，涉及“基本农田”用地单元赋值为 0 分；也可以将其作为约束规则使用，制定不同的保护政策，模拟不同政策带来的变化。

在本书中，进一步认为“约束规则”与“准则”有显著的不同。“准则”是一致公认的标准，规划中的不同利益方、不同价值观的参与各方，对“准则”具有一致的判断，不存在异议和歧义。相反，“约束规则”是参与规划中各方的不同利益、不同价值观的具体体现，对于约束规则存在差距较大，甚至截然不同的实施意见，在规划中可以有不同的选择。判别某一因素是应该作为评价准则使用，还是作为约束规则使用，关键是看这一因素对用地布局的影响是否确定、一致公认的。如果对用地布局有确定、公认一致的影响，这类因素作为评价准则使用；对用地布局的影响不确定、有可变的选择，并没有得到规划中各方的一致公认，这类因素应作为约束规则使用。

仍以“基本农田保护”为例。如果基本农田保护区的范围是确定的、不可变化的，那么就应该可以作为评价准则使用，归入“土地获取类”评价准则。反之，如果基本农田保护区的总量是可以调整的，或者总量不可变、但是保护范围是可以变化的，那么就应该归入约束规则。不同的保护范围、不同的保护总量体现为不同的“禁止建设用地管制政策”。

5.3　开发约束子模型的工作流程

5.3.1　开发约束与多政策模拟

改变传统计算机辅助规划的“黑箱”方法不再依赖于计算机产生最佳的决策，而是由计算机提供一个多种政策、方案进行比较的平台，由用户(决策者、专业技术人员或普通公众)选择所需要的方案。这是规划支持系统的一个非常重要的指导思想。基于这一思想，在 LUPS 的开发约束子模型中进行多种政策模拟。

前述的两大类土地开发约束政策都可能有多种可供选择的措施。以这两类政策的相互组合为条件会产生多个政策组合方案。有多个政策组合方案需要多次使用开发约束模拟，每一组政策方案可以得出不同的输出结果。

5.3.2 开发约束子模型的工作步骤

1. 根据不同开发约束生成开发约束图层

根据“禁止建设用地管制政策”和“城市形态管制政策”，分别生成禁止建设用地约束图层、城市形态管制约束图层。两类政策的约束区域都使用矢量多边形图层表达。根据不同的约束规则，采用矢量GIS的缓冲区分析(buffer)、叠合分析(overlay)方法产生开发约束图层。

例如，“禁止河流两侧1 000米范围内的开发”政策可以由河流多边形直接使用buffer产生缓冲区，再与规划区范围图层叠合，得到符合以上开发约束规则的图层(图5-1)。

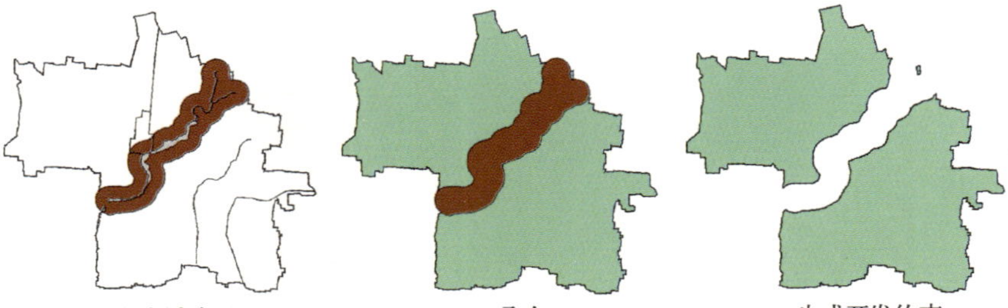

图5-1 生成某一特定开发约束图层

根据“禁止建设用地政策”得到“禁止建设用地约束图层”；根据“城市形态管制政策”得到“城市形态管制约束图层”(图5-2)。

2. 叠合开发约束图层和适宜性评价结果图层

禁止建设用地约束图层、城市形态管制约束图层分别与用地评价子模型得到的适宜性评价结果图层进行叠合，得到某一组政策约束下的用地适宜性图层。此外，使用“禁止建设用地约束图层”，进而可以得到空间管制分区中的“禁建区”范围。而剔除了开发约束的适宜性评价结果图层所包含的用地就是空间管制分区中的“适建区”和“限建区”。但是具体划分“适建区”和“限建区”将在用地分配子模型中进行(图5-2)。

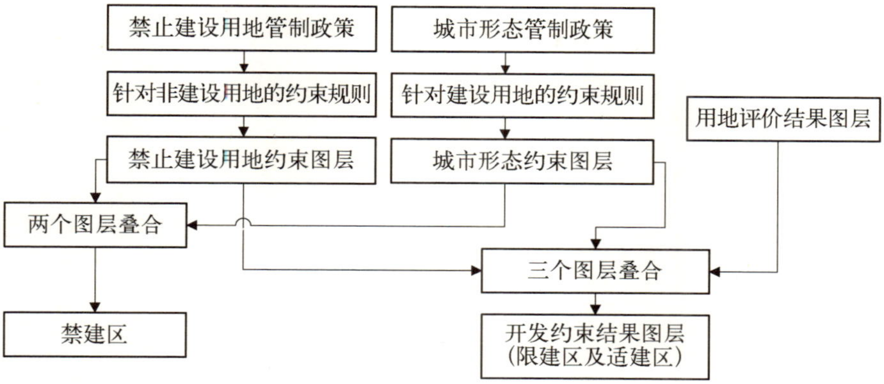

图 5-2　开发约束子模型的工作流程

5.4　开发约束的叠合方法

开发约束图层和适宜性评价结果图层叠合有两种可行的方法，分别适用于不同的情况。

5.4.1　Clip 叠合法

Clip 叠合法是使用 ArcGIS 的矢量多边形 Clip 叠合分析，叠合开发约束图层和适宜性评价结果图层，将不符合约束规则的用地分析单元直接剔除，叠合后的输出图层只包含符合约束规则的用地分析单元。例如，政策“禁止生态敏感区范围内的所有开发”，使用 Clip 叠合法得到输出结果，其过程如图 5-3 所示。

Clip 叠合法的优点在于剔除不符约束规则的用地分析单元，减少了进入用地分配子模型的用地单元数量，可以显著提高用地分配计算速度；其缺点在于，只适用于同时针对生活区、工业区的政策，不适用于只针对某一种建设用地的政策。

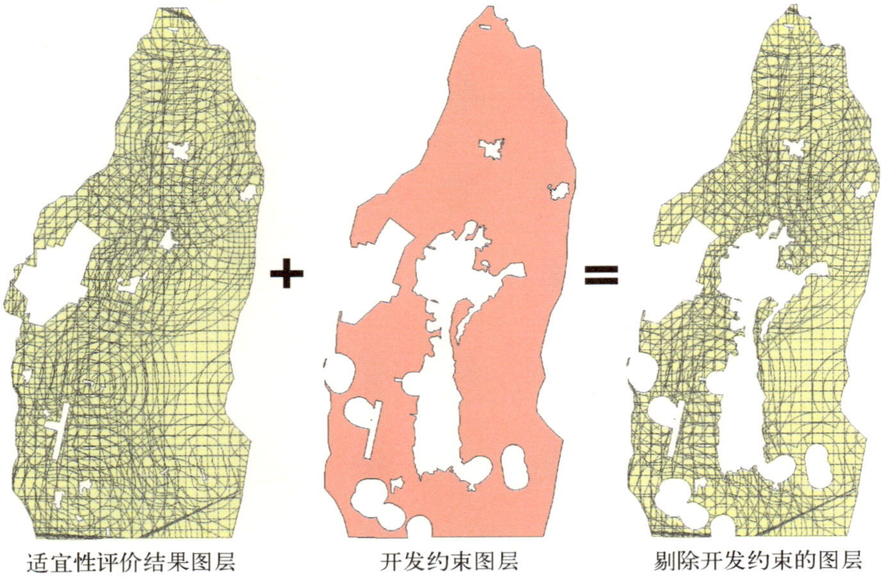

图 5-3　采用 Clip 叠合法示意

5.4.2　Identify 叠合法

Identify 叠合法是使用 ArcGIS 的矢量多边形的 Identify 叠合分析，叠合开发约束图层和适宜性评价结果图层。叠合后的输出图层仍包含所有用地分析单元，但是使用特定的属性字段表示其是否符合约束规则。例如，政策“高速公路以东不能发展工业区”使用 Identify 叠合法得到输出结果，其过程如图 5-4 所示。

Identify 叠合的优点在于既可以适用于同时针对生活区、工业区的政策，也可以适用于只针对某一种建设用地的政策；其缺点在于，叠合后的输出图层仍包含所有用地分析单元，进入用地分配子模型的单元数量较多，用地分配计算速度比较慢。

两种开发约束的叠合方法各有优缺点，具体使用哪一种方法，要视具体情况而定。

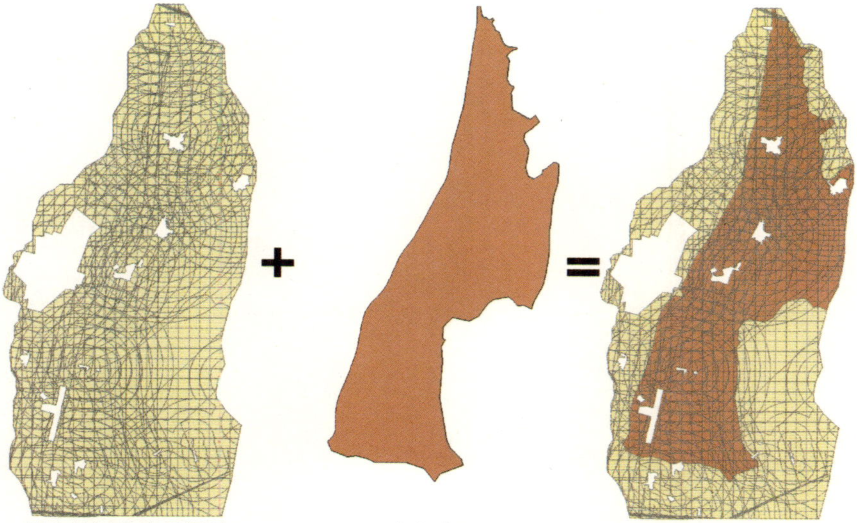

图 5-4　采用 Identify 叠合法示意

5.5 本 章 小 结

LUPS 的开发约束子模型使用约束规则模拟土地开发的约束政策，限制土地开发的位置和类型。通过使用叠合方法修正用地评价结果图层。不同的政策可表现为不同的约束规则，会得到不同的修正结果。使用开发约束子模型可以直接得到未来土地使用布局中的“禁建区”范围，开发约束的结果则是剔除开发约束的“适建区”和“限建区”图层，进一步划分“适建区”和“限建区”需要在用地分配子模型中进行。

第6章

用地分配

用地分配技术是用地分配子模型的关键技术。在前人的研究基础上,本书提出了一种新的用地分配技术,以此为核心,构筑了 LUPS 的用地分配子模型。本章首先讨论这种用地分配技术的理论基础,随后提出了用地分配子模型的技术流程。在此基础上讨论具体的技术实现途径。

6.1 已有的用地分配技术

用地分配的目的是将预测建设用地增长需求分配到合适用地单元上。合适的用地分配技术一直是类似土地使用规划模型中的难点。在已有的各种土地使用规划模型中,是否进行建设用地分类,相应的用地分配技术的难度有显著不同。

如果建设用地没有进行分类,那么用地分配就是将用地需求按照单一用地评价结果的高低,依次进行分配。例如,CUF 模型并没有进行建设用地的分类,简单地按照潜在开发收益的高低,分配用地需求。

一旦进行建设用地分类,在分配中就涉及多种土地用途的选择。不同用途对应的评价因素也会不同，由此就会带来适合不同用途的用地适宜性评价结果。由于一个地块只能一种用途，每一用地单元的最终用途要在不同用途之间选择。这样的用地分配就需要采用特定的算法。在已有的各种土地使用规划模型中，所采用的用地分配技术可以归纳为以下三种类型：

第一类，按照既定的分配顺序进行分配的方法。采用预先制定的不同土地用途的分配优先度，依次进行分配。例如，先分配高密度居住用地的需求，其次分配中密度居住用地的需求，随后分配公共设施用地需求……采用这一类分配方法，有的采用固定不变的分配次序，如 UPlan（Johnston et al., 2003），也有使用可变的分配次序，由用户指定，如“What-if?”系统（Klosterman, 1999(b)）。不同的类型建设用地的分配优先度可以反映土地使用规划的不同实施政策。但是，这种按既定优先度依次分配的方法无法体现同一地块上不同土地用途之间的竞争。

第二类，采用特定数学工具模拟土地分配的方法。通常使用的数学工具有数学规划（Mathematical Programming）、遗传算法（Genetic Algorithms）、区位配置模型（Location-allocation Model）等几种（Riveira and Maseda, 2006）。CUF－2 采用计算特定概率的方法（Landis and Zhang, 1998(b)），模拟多种建设用地的分配，也可以归入此类方法。使用特定的数学模型，进行多种土地用途分配，可以体现同一地块上不同土地用途之间的竞争。但是，这一类方法的缺点在于，这些数学工具一般比较复杂，其计算过程往往是“黑箱”方式，难以为普通公众、决策者，甚至大多数规划师所理解。

第三类，采用多目标用地分配（MOLA, Multi-Objective Land Allocation）的方法。这一类方法以多准则决策为基础，将多种土地用途视为多重决策目标，使用多目标决策的方法进行用地分配。LUPS 的用地分配采用多目标用地分配方法。

6.2 已有的多目标用地分配方法及其局限性

多目标用地分配采用多目标决策的决策规则进行。广义上来讲，多目标决策(Multi-Objective Decision Making)是多准则决策(MCDA)的一种，是存在多个决策目标的多准则决策(Eastman et al., 1995, 1998; Malczewski, 1999)。多目标决策针对多个相互冲突的决策目标。例如，决策中同时存在目标 X 和目标 Y，目标 X 是保留 10 km^2 最适宜的农田，目标 Y 是选择 15 km^2 最适宜的城镇建设用地。任何一个候选项不可能同时既是农田又是城镇建设用地，目标 X 和目标 Y 本身就是冲突的。

采用多目标决策方法进行用地分配，也可以看作是采用单一决策目标的多准则决策进行土地适宜性评价的延续。采用这一方法进行用地分配的研究相对较少。较为典型的研究有：Aerts 等对西班牙 As Pontes 地区土地用途的研究(Aerts et al., 2003)，Eastman 等对工业用地适宜性评价(Eastman et al., 1995, 1998)，Agrell 等对肯尼亚 Bungoma 地区进行基于农业生态学的土地使用规划研究(Agrell et al., 2004)。

实际上，在土地适宜性研究中，现有绝大多数研究使用单一决策目标多准则决策，仅有少量研究涉及多重决策目标(Malczewski, 2006)。其原因在于现有多重目标的决策方法存在两大问题：

第一，现有多重目标的决策方法远没有处理单一目标的决策方法简单易用。多目标决策的方法都是建立单一决策目标多准则决策的基础上，将其分解成单一目标的多准则决策，再采用某种方法进行综合。传统的方法是采用线性整数规划(Linear Integer Programming)和目标规划(Goal Programming)；近些年来也出现了使用遗传算法(Genetic Algorithms)进行多目标决策的方法。以上三种方法使用的数学工具相对比较复杂。这使得多重目标多准则决策的应用受到了相当大的限制(Aerts et al., 2003)。

第二,现有多重目标的决策方法不适用于处理大量决策候选项。在土地适宜性研究中,作为决策候选项的候选地块单元可能多达成百上千。以最常用的线性整数规划方法为例,由于采用多元线性方程组求解,候选地块单元越多,方程中的自变量也就越多,就无法求解。这一方法无法适用于处理成百上千的决策候选项,也就无法适用于土地适宜性研究。

针对以上两大问题,本书在前人研究基础上,提出了一种结合 GIS 的双重目标多准则决策方法,应用于 LUPS 的用地分配子模型。

6.3　双重目标用地分配的总体框架

在 LUPS 中将建设用地划分为工业区、生活区两大类,用地分配的过程是一个双重目标的决策过程。决策中同时存在目标 X 和目标 Y,目标 X 是选择符合既定用地需求生活区,目标 Y 是选择符合既定用地需求的工业区。这是一个典型的双重目标的多准则决策问题。

6.3.1　Eastman 的方法

Eastman 提出过一种多重目标多准则决策方法,将其应用于工业用地适宜性评价(Eastman et al., 1995,1998)。这一方法是建立在单一目标多准则决策的基础上,根据单一目标的决策结果,采用图解方法进行多重目标决策。将每一个单一目标的决策结果都作为空间上的一个轴。根据不同目标要求,将空间划分为不同区域。根据在单一目标下的评分结果,每一个候选项都在该空间内有一个特定的位置。进一步采用图解的方法,实现多目标的决策。Eastman 的方法一方面摒弃了使用复杂数学工具，仅采用了较为简单的解析几何方法；另一方面，决策候选项数量的多少，与这一方法计算的难易程度无关，所以适宜于存在大量候选项的情况。

Eastman 的方法基于栅格 GIS 实现。本书在此基础上改进，改用以矢量 GIS 为基础，总体框架参照 Eastman 的方法，先对双重目标（目标 X、目标 Y）逐个进行单一目标多准则决策，得出两个单一目标的决策结果；随后在此基础上，再进行双重目标的决策。

6.3.2 双重目标决策方法的改进

在用地评价子模型中，已经使用了单一目标多准则决策方法，进行生活区、工业区的适宜性评价，得到的两个结果图层再次进行叠合，产生基本用地分析单元作为双重目标决策的候选项。每一个候选项分别具有单一目标 X 下的得分值 Sx_i、单一目标 Y 下的得分值 Sy_i。

1. 使用排序位构造决策平面

参照 Eastman 的方法，涉及双重目标决策的核心是建立一个决策平面。单一目标 X、目标 Y 决策结果分别作为决策平面的 X 轴和 Y 轴，每一候选项表示为决策平面上的一个点。本方法对决策平面的构造方法进行了改进，不直接使用单一目标下的得分值 Sx_i、Sy_i 作为 X、Y 坐标值，而是分别对 Sx_i、Sy_i 进行升序排序，使用排序后的排序位值作为 X、Y 坐标值。如果存在 n 个候选项，某一候选项 i 对应坐标值为 Xi、Yi，则有：

$$Xi = \mathrm{rank}(Sx_i,\ Sx_1 \cdots Sx_n,\ 1) \tag{6-1}$$

$$Yi = \mathrm{rank}(Sy_i,\ Sy_1 \cdots Sy_n,\ 1) \tag{6-2}$$

式中，rank 函数中的 1 表示使用升序排序。决策平面如图 6－1 所示。

2. 划分决策平面

排序完成之后，需要计算两个特殊排序位值 $x1$ 和 $y1$。X 排序位大于 $x1$

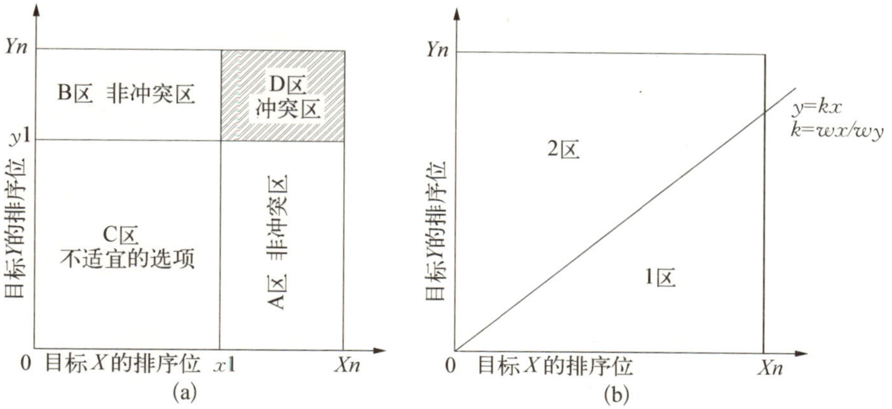

图 6-1　双重目标的决策平面

的候选项是符合单一目标 X 的候选项；Y 排序位大于 $y1$ 的候选项是符合单一目标 Y 的候选项。$x1$、$y1$ 确定后，将决策平面划分为 4 个区域。其中，A 区、B 区是非冲突区。A 区适宜于目标 X，但是不适宜于目标 Y；B 区适宜于目标 Y，但是不适宜于目标 X；C 区目标 X、目标 Y 都不适宜；D 区同时适宜于目标 X 和目标 Y。这样，真正需要划分的是冲突区 D 区(图 6-1(a))。

为了进一步划分目标 X、Y 冲突区域，在决策平面上增加斜线 $y = kx$。斜线 $y = kx$ 可以将整个平面划分为 1 区和 2 区。落在 1 区内的候选项，更加适宜于目标 X，而不是目标 Y；落在 2 区内的候选项正好相反(图 6-1(b))。斜线的斜率 k 与目标 X、目标 Y 的相互重要性有关。

$$k = wx/wy \text{ 且 } wx + wy = 1 \tag{6-3}$$

式中，wx 是目标 X 的权重，wy 是目标 Y 的权重，表示双重目标之间相互重要程度。如果两个目标的重要性相等，就是斜率为 1。根据斜线斜率 k 和相应的 $x1$、$y1$ 的值，D 区的划分可能存在四种不同情况：

(1) $0 \leqslant k \leqslant y1/n$。此时，冲突区 D 全部为目标 Y 所有(图 6-2(a))。

(2) $y1/n < k \leqslant y1/x1$，则有 $x2 = y1/k$。位于 D2 区的候选项适宜于目标 Y，位于 D1 区的候选项适宜于目标 X(图 6-2(b))。其数学表达式为：

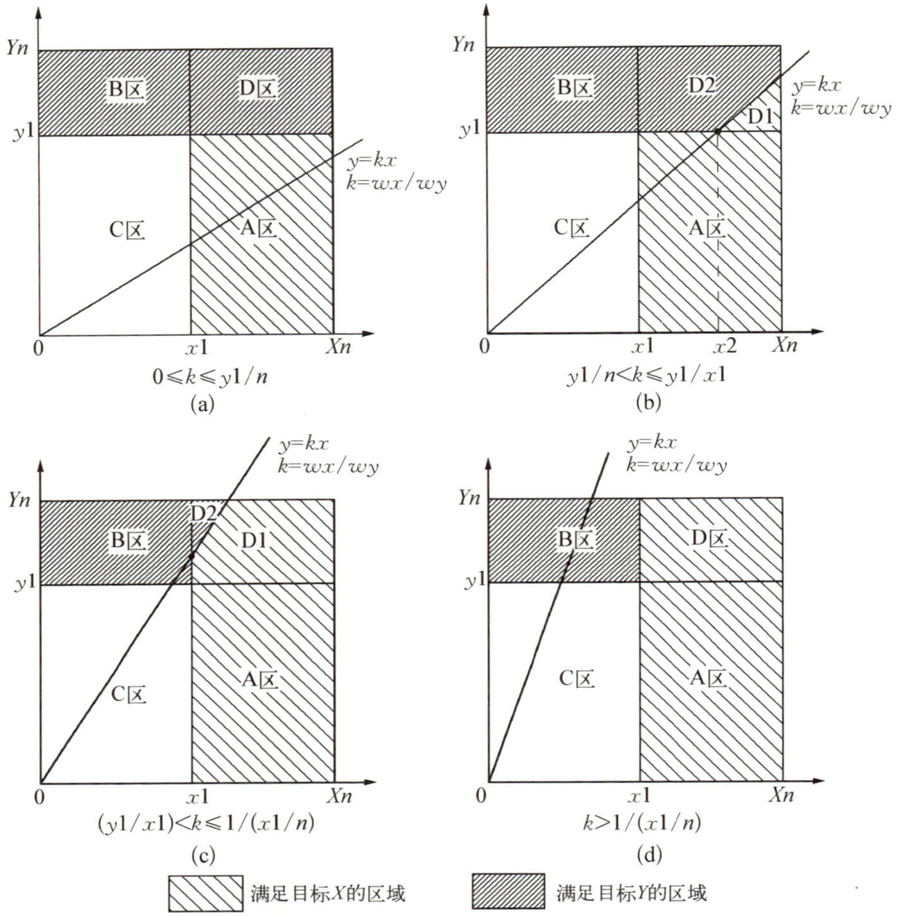

图 6-2 决策平面划分的四种可能

D1 区 $x \geqslant x2$ 且 $y \leqslant kx$

D2 区 $x \geqslant x1$ 且 $y > kx$

(3) $(y1/x1) < k \leqslant 1/(x1/n)$。位于 D2 区的候选项适宜于目标 Y，位于 D1 区的候选项适宜于目标 X(图 6-2(c))。其数学表达式为：

D1 区 $x \geqslant x1$ 且 $y \leqslant kx$

D2 区 $x \geqslant x1$ 且 $y > kx$

(4) $k > 1/(x1/n)$。此时，冲突区D全部为目标 X 所有(图6-2(d))。

经过以上步骤计算，划分冲突区D。

3. 循环逼近，获取符合要求结果

采用以上方法得到决策结果还存在一个问题。冲突区D内候选项既符合目标 X 的要求，也符合目标 Y 的要求，决策通过划分冲突区D实现。冲突区划分后，符合目标 X 的候选项数量会略小于目标 X 本身的需求；符合目标 Y 的候选项数量也会略小于目标 Y 本身的需求。例如，目标 X 需要10 km^2生活区，目标 Y 需要15 km^2工业区。采用以上方法计算一次，可能得到符合目标 X 的用地仅8 km^2，符合目标 Y 的用地仅11 km^2。

为解决这一问题，采用人为适度扩大目标 X、目标 Y 的需求量，从而降低 $x1$、$y1$ 值，使得决策平面上A、B、D区的范围适当扩大，增加决策平面上A、B、D区内候选项数量，使得划分后的决策结果符合目标 X、Y 的需求。例如，将目标 X 需要的生活区面积扩大为12 km^2，目标 Y 需要的工业区面积扩大到17 km^2，再进行一次分配计算，判断得出的结果是否接近目标 X、Y 的要求。如果，超过了既定目标，就再缩小面积需求，反之继续扩大面积需求。这样，一般采用3～6次的循环，不断逼近实际的目标 X、Y 数值。由于，本书是应用于城市总体规划阶段的土地使用研究，对用地需求数据的精度要求并不非常高(一般精确到0.1 km^2即可)。采用若干次循环逼近的方法，就可以得出符合要求的决策结果。

4. 对Eastman方法的重要改进

不直接使用 Sx_i、Sy_i 值作为决策平面的坐标值，原因在于 Sx_i、Sy_i 数值的分布会有差异。单一目标 X 和单一目标 Y 的各自准则不同，准则得分的计算方法也不同；虽然经过标准化处理，Sx_i、Sy_i 都处于区间0～1内，但是 Sx_i、Sy_i 的分布仍会有很大不同。例如，Sx_i 可能集中分布在某一区间(比如0.3～0.8)，而 Sy_i 值却集中分布在另一区间(比如0.6～1.0)。如果直接使用 Sx_i、Sy_i 作为决策平面的坐标值，就会出现冲突区D划分明显偏

向于目标 Y，k 值失去了作为衡量目标之间相互重要程度的意义。显然，将 Sx_i、Sy_i 值直接用于决策是不妥的。采用同一目标下的排序位 Xi、Yi 建立决策平面，直接反映了某一候选项 i 在同一目标下的适宜性排序，使得候选项的 X、Y 坐标值的分布合理、均匀，两个目标之间的相互重要度由斜率 k 值衡量。这是本书对 Eastman 所采用方法的一处重要改进。

在技术实现途径上，Eastman 的方法使用栅格 GIS 软件 IDRISI 实现，本书改用矢量数据模型实现。使用矢量数据模型有以下三个优点。首先，在生成准则地图时，充分发挥矢量数据的网络分析功能在计算可达性、服务区等方面的优势；其次，使用矢量数据，也易于实现对候选项的排序计算；再次，矢量数据模型比较适合城市规划工作的习惯。

6.3.3 分配规则与土地开发的优先发展政策

在 LUPS 中，使用以上双重目标的决策方法进行用地分配，生活区、工业区的用地需求就是目标 X、Y。根据本书的前提，LUPS 中不涉及用地需求的分析，用地需求是既定的，作为外部条件输入。

决策平面上斜线的斜率 k 值是一个重要参数。在用地需求（目标 X、目标 Y）已经确定的前提下，决策平面上的特殊排序位值 $x1$、$y1$ 是不变的，那么划分决策平面取决于决策平面上的斜线 $y=kx$（其中，$k\geqslant 0$）。斜线的斜率体现双重目标之间相互重要程度。具体反映到实际的用地布局中，就是反映了是优先布局生活区，还是优先布局工业区的问题。

$k=1$，表示两个目标一样重要，用地布局中工业区、生活区两者同等重要。每一用地分析单元最终分配到何种用地性质，完全取决于在两个目标下得分的排序位值。

$0\leqslant k<1$，表示目标 Y 比目标 X 更为重要，用地布局中工业区优先于生活区。每一用地分析单元最终分配到何种用地性质，不完全取决于在两个目标下得分的排序位值。

$k>1$，表示目标 X 比目标 Y 更为重要，用地布局中生活区优先于工业区。每一用地分析单元最终分配到何种用地性质，也不完全取决于在两个目标下得分的排序位值。

采用以上分配规则，使得用地性质选择背后隐含的不同政策因素透明化、具体化，也可以反映代表不同价值观在用地选址的优先度上作用。不同的 k 值表现为不同的分配规则，用于模拟土地开发的优先发展政策。

6.3.4　双重目标用地分配方法的技术实现

以上的多目标用地分配方法，以 ArcGIS 为软件平台，采用 ArcObjects 和 VBA 进行二次开发实现，包括用地分析单元排序、双重目标用地分配两个阶段，单次分配过程的基本工作流程如图 6－3 所示。通过分配，将研究区域内的所有候选用地，划分为五类用地：X(A 区)、Y(B 区)、NONE(C 区)、XC(D1 区)、YC(D2 区)。其中，X(A 区)和 XC(D1 区)符合目标 X 的需求，Y(B 区)和 YC(D2 区)符合目标 Y 的需求。实际应用时，根据研究问题的不同，具体编写的 VBA 程序也会有所不同。

6.4　用地分配子模型的工作步骤

用地分配子模型以上述的双重目标用地分配方法为核心，分为三个步骤(图 6－4)。

1. 输入用地需求和确定 k 值

生活区、工业区的用地需求必须预先确定，两类用地需求的数量作为决策目标 X、Y 输入。输入目标 X(生活区目标)的权重 wx、目标 Y(工业区目标)的权重 wy，根据公式 6－3 计算 k 值。不同的 k 值对应不同的分配规则，体现不同的优先发展政策。

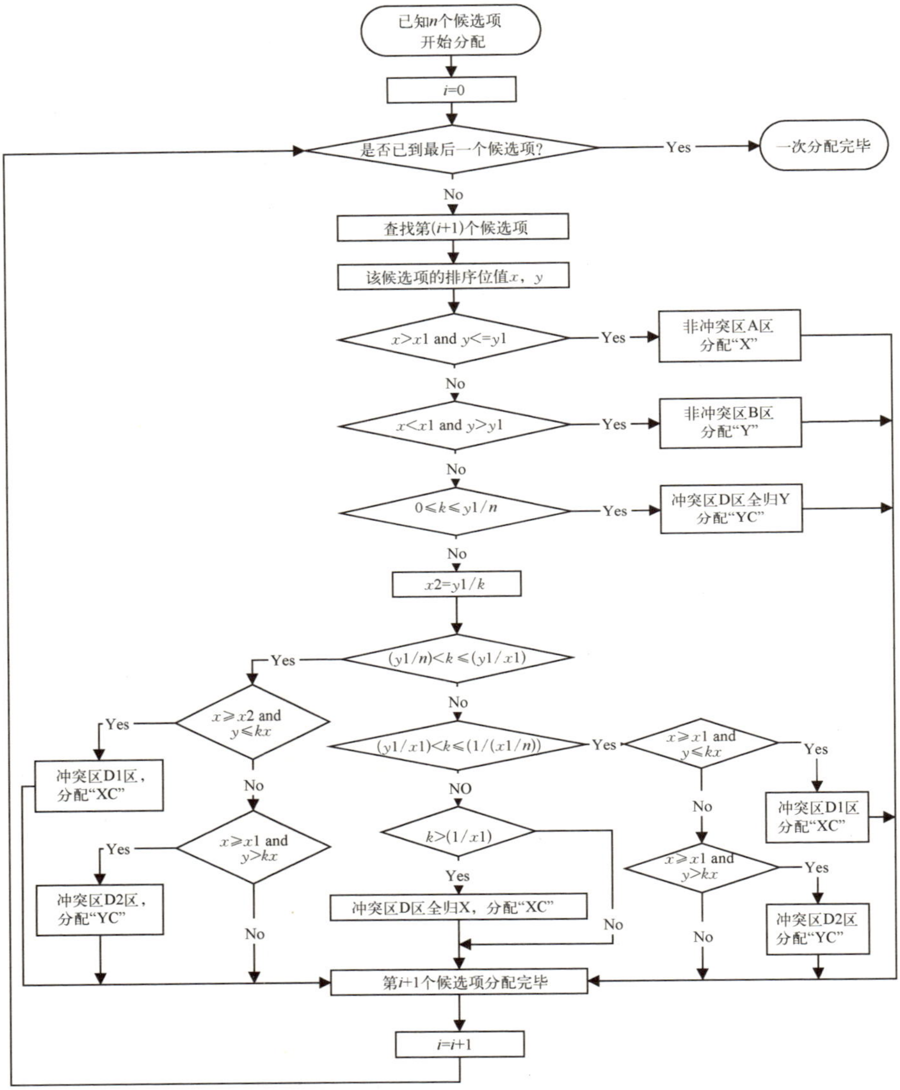

图 6-3　双重目标用地分配方法的流程

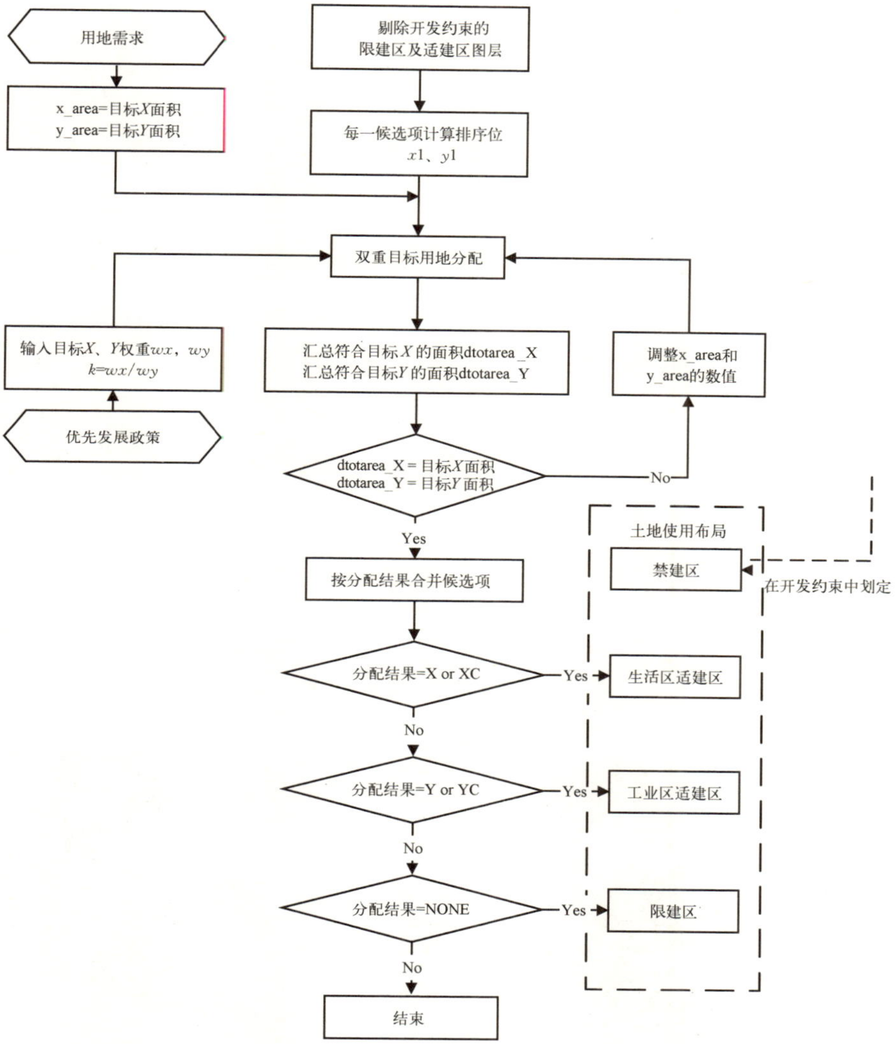

图 6-4　用地分配子模型的工作流程

2. 双重目标用地分配

采用以上的双重目标用地分配方法进行。根据每一次用地分配计算的结果，判断输出结果是否接近目标 X、目标 Y 的实际用地面积要求。如果不符合用地需求，则适当调整输入的面积数据，再次进行分配计算，直到输出结果符合要求(误差不大于 0.1 平方公里)。

3. 合并

将用地分配的结果进行适当的合并：将 X(A 区，非冲突区中的生活区)和 XC(D1 区，冲突区中的生活区)合并为生活区；Y(B 区，非冲突区中的工业区)和 YC(D2 区，冲突区中的工业区)合并为工业区；将所有的 NONE(C 区，未分配到建设用途的区域)合并为非建设用地；从而得到研究区域内的土地使用示意性布局。合并后的生活区、工业区就是土地使用空间管制分区中的“适建区”，合并后的非建设用地就是“限建区”，而“禁建区”已经在开发约束子模型中得到，这样也得出了规划区内土地使用空间管制分区。每一土地使用布局是与特定的开发约束政策、优先发展政策相对应的。图 6 - 5 是某一实例的用地分配结果和合并后的土地使用示意性布局。

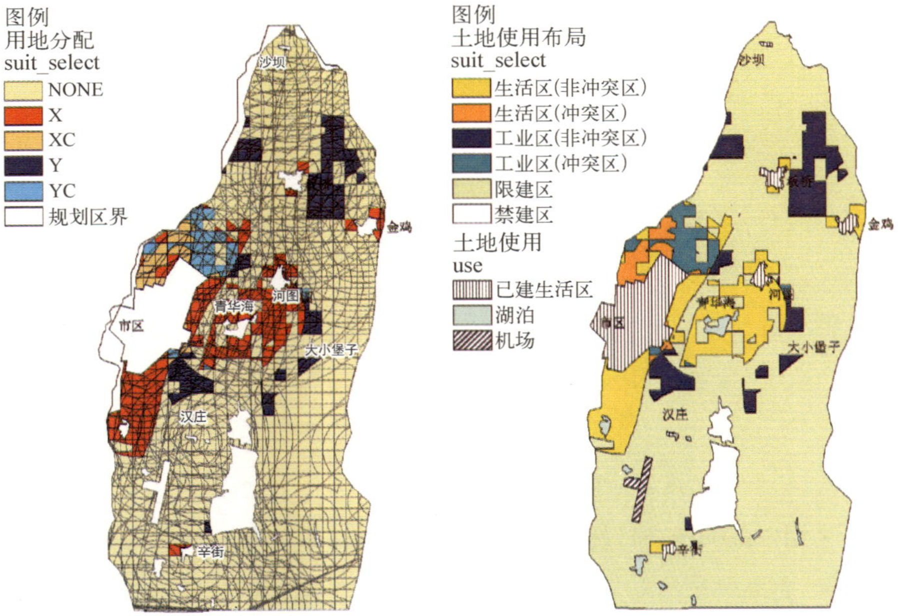

图 6 - 5　用地分配的结果以及合并后的土地使用布局

6.5 本章小结

在前人已有基础上，本书提出了一种基于矢量空间数据模型的双重目标用地分配方法。该方法采用双重目标的多准则决策技术实现。本方法先逐个进行单一目标的多准则决策；再根据单一目标决策的结果建立决策平面，根据两个目标之间权重划分决策平面，采用图解算法实现双重目标的决策。

基于这一方法构造了 LUPS 的用地分配子模型。在用地分配子模型中，使用特定的分配规则模拟土地开发中的优先发展政策，模拟规划的生活区、工业区布局，完成适建区、限建区的划分，从而得到土地使用规划布局示意和空间管制分区。不同的土地使用布局、空间管制分区是与特定的开发约束政策、优先发展政策相对应的。在同一研究中，不同的土地开发政策会得到不同的土地使用规划布局。

本书中提出了一种适用于冲突的双重目标下用地分配方法。与现有的多重目标下的用地分配方法相比，本方法首先克服了难以处理大量候选用地分析单元的问题；其次，与遗传算法、目标规划等方法相比，由于采用了较为简单的数学方法，易于推广使用。但是，本方法仅适用于相互冲突的双重目标下用地分配，尚不适用于三个及三个以上目标。如何推广到三个及三个以上目标的应用，也有待进一步的研究。

在技术实现途径上，LUPS 采用矢量数据模型实现了本方法的实际应用。原 Eastman 所提出的类似方法是采用专用栅格 GIS 软件 IDRISI 实现的。从原理上分析，本方法也能够适用于栅格数据模型为基础的应用。由于栅格 GIS 与矢量 GIS 在解决多准则决策问题上有许多差别(Eastman，1999)。如果以栅格数据模型为基础，在用地分配的具体技术实现途径上需要进行进一步研究。

第7章

应用一：总体规划中的土地开发政策研究

本章将 LUPS 应用于城市总体规划中土地开发政策评估，为相关规划实施政策提供决策支持。本章的实例是为了验证 LUPS 作为一种支持土地开发政策评估和决策工具的应用。

7.1 实例一的研究背景和研究框架

7.1.1 研究范围

广饶县位于山东省北部，东营市市域的南部，是全国县域经济基本竞争力百强县之一。近几年工业发展势头强劲，已成为全县经济的重要组成部分和最有活力的经济增长点，形成以化工、橡胶塑料制造、造纸及纸制品等为主体的工业体系。伴随着工业化进程的加速，县域内城镇化也在迅速推进。

广饶县域南部地区由广饶镇(县城)、大王镇、稻庄镇三镇组成，是县域城镇化和工业化的核心地区。该区域面积 294 km^2，仅占全县面积的 25.8%；却集中了全县 79%的城镇人口，80%的第二产业产出和 70%第三产业产出。在编制《广饶县县域城镇体系规划》《广饶县城市总体规划》的前期阶段，广饶县域南部地区作为一个单独的层次进行研究，将城市规划区扩大到县域南部地区，目的是在这一区域内统筹安排土地使用，研究三个城镇的空间增长边界，统一安排三个城镇的建设用地控制范围。

7.1.2　区域概况

1. 自然条件

本地区地处黄河冲淤积平原，地势由西南向东北倾斜，西南部最高高程为海拔 28 m，东北部最低为 9 m，地面自然坡降为 0.48‰。该区域内没有影响城镇建设的特殊地形、地质条件。

有三条河流由南向北穿越本区域。其中，淄河是其中最大的河流，在广饶镇的东侧经过。2003 年完成了淄河河道型水库建设，水库全长 7.5 km，库区总水面面积 248 万 m^3，库容蓄水 1 000 万 m^3。淄河水库不仅提供了农业用水，也对本地区的生态环境的改善起到了重大作用。阳河和裙带河位于本区域东部的大王镇、稻庄镇内，均属于季节性河流，流量和河床宽度相对较小。

本地区各个方向的风向频率比较均匀，相互之间的差异不大。东南风向相对较大。由于各个风向频率差异不大，对建设用地布局的影响也不大。

地下水是目前本地区主要生活水源和工业水源。受水文地质条件影响，本地区的地下水资源空间分布也有差异。区域南部的井灌区层及深层地下水相对丰富，水质良好，取水便利。尤其是潍高路以南、辛河路以西的西南部地区是地下水重要的补给区域。

2. 交通条件

东青高速公路在本区域的东部，由南向北穿越，设有大王镇、稻庄镇两个出入口。三条省道(潍高路、青垦路、辛河路)是本区域对外主要联系公路。近几年来，大力建设改善了联系三镇之间的道路网，三镇的骨干道路网已经连成一体(图 7－1)。

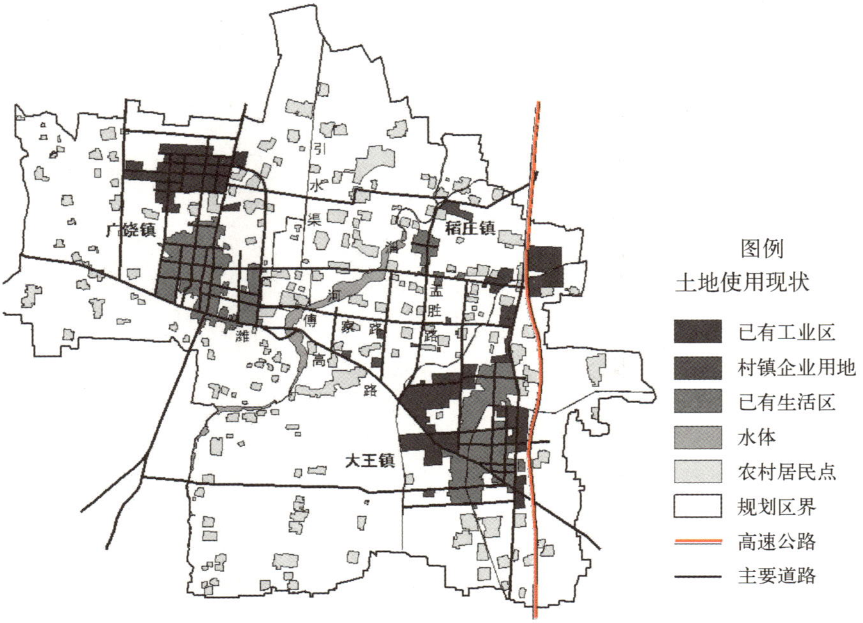

图 7－1　广饶县域南部地区土地使用现状

3. 已有的城镇建成区

目前,本地区内已有多处城镇建成区。按照 LUPS 的用地分类,划分为生活区和工业区。县城广饶镇位于淄河以西,现有生活区位于南部、现有工业区位于北部。大王镇位于区域东南部,大王镇的生活区位于阳河两侧,大王镇有两片集中工业区,分别位于大王镇的生活区的东、西两侧。稻庄镇位于本地区的东北部,其生活区位于淄河东岸,工业区位于东青高速公路和青垦路沿线,两者之间的距离相对较远。区域内还有 200 多个农村居民点。

7.1.3　讨论中的土地开发政策

由于随着工业化和城镇化进程加快,三镇的建设用地迅速扩张,并且有沿主要公路相互连接的趋势(图 7－1)。其中,大王镇的工业区沿滩高路逐步向西发展,已经开始接近淄河水库。县城广饶镇的生活区向东扩展，也已经接近淄河水库。沿滩高路，广饶镇的生活区和大王镇的工业区逐步接近。沿青垦路，稻庄镇的工业区和大王镇的工业区也有连接的趋势。

包括行政领导在内的当地许多人士都认识到必须采取某种措施对区域内土地开发进行控制，保护必要的农田、地下水源补给区，以及淄河水库两侧地区，也必须控制区域内建设用地扩展方向。在区域内三镇之间应形成以淄河水库为中心的"绿心"，尤其限制建设用地（尤其是工业区）向"绿心"方向的蔓延，也需要避免三镇建设用地无序扩张而带来的相互之间干扰和影响。对于上述意见已经形成共识。

为实现这一设想，讨论过多种具体措施。例如，扩大保护区范围，将更多的土地纳入禁建区，自然可以实现"绿心"的设想，但是否会影响城镇发展需要的用地和空间？不扩大禁建区，仅对建设用地的发展方向进行控制，是否也能实现"绿心"的设想？

此外，长期以来，优先发展工业是该地区发展的主导思路。随着工业化进程的加速，各类工业区迅速拓展，区位条件较好、基础设施易于配套的土地优先用于工业区建设。优先发展工业的政策实施带来了经济繁荣，也促进了城镇化进程。事实上，适宜发展工业区的区域有可能也是适宜建设城镇生活区的区域。根据相关预测，在相当长的一段时期内，工业仍将是本地区发展主导动力。这样，未来是否可以继续延续"优先发展工业的政策"？如果未来政策向优先发展生活区倾斜，是否仍会有足够的适宜用地供工业区使用，是否会阻碍该地区的工业发展？适当调整"优先发展工业的政策"，是否也既能保证工业用地的布局，也不会阻碍、影响生活区拓展？

确定本实例需要研究的土地开发政策。包括：

(1) 优先研究和"绿心"有关的土地开发政策，确定实现"绿心"设想的土地开发政策的具体措施。

(2) 在确定“绿心”政策的基础上，进一步研究“优先发展”的土地开发政策。确定未来该地区城镇化进程中，“优先发展”政策是否需要向生活区倾斜。

因此，使用 LUPS 针对上述的土地开发政策进行研究，检验各项政策对未来土地使用布局的影响。

7.1.4 研究框架

本实例的研究框架如下(图 7－2)。首先，使用 LUPS 的用地评价子模型进行用地适宜性评价，随后使用开发约束子模型模拟有关“绿心”的政策，将可能的“绿心”政策划分为四组政策，对应得到四组约束结果。随后，应用用地分配子模型进行分配，假定采取生活区优先的政策，得到四个用

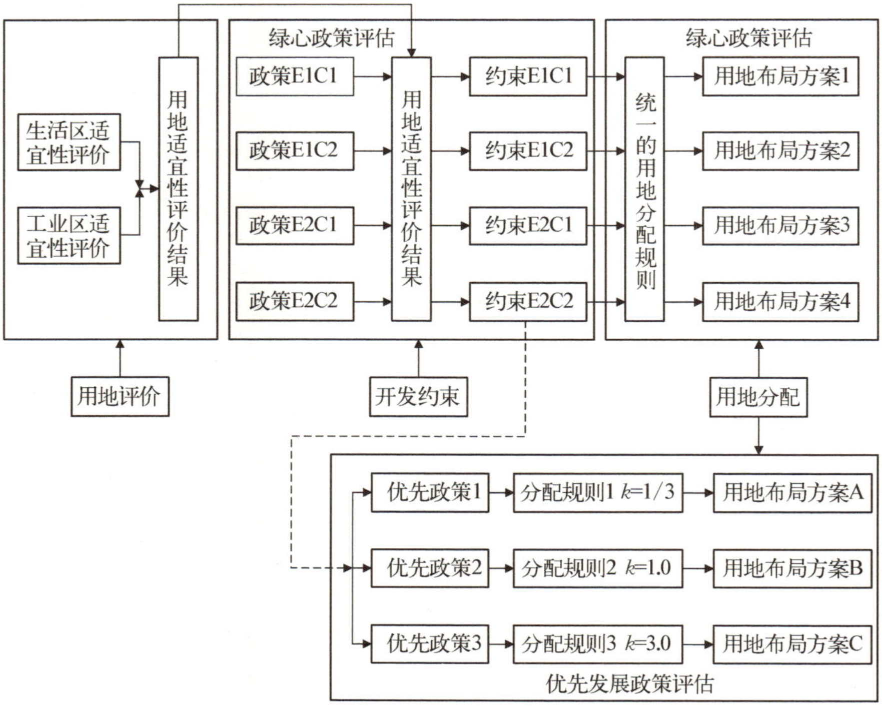

图 7－2　应用实例一的总体框架

地布局。在“绿心”政策评价基础上，选取一组适宜的实施政策，再次使用用地分配子模型，进行有关工业优先发展政策的评估。分两个阶段进行用地分配的做法可以简化工作流程。

7.1.5　用地需求

城市规划区内的未来建设用地需求按照常规规划预测方法确定。预测未来总建设用地需要增加 43 km^2。按照 LUPS 的分类，将建设用地划分为生活区、工业区两大类。参照国标《城市用地分类与规划建设用地标准》中相关建设用地的构成比例，确定未来该区域内的工业区还需要增加 23 km^2，该地区城镇生活区的用地也需要增加 20 km^2。

7.1.6　基础数据

本实例所使用的基础数据及其说明如表 7－1 所示。

表 7－1　广饶实例的基础空间数据

图　　层	要素类名称	类　型	说　　明
土地使用图层	landuse	Polygon	现有生活区、工业区、现有村庄、河流
道路图层	road	Polyline	省道、县道、乡道
高速公路图层	freeway	Polyline	东青高速公路
高速公路出入口图层	freeway_entrance	Point	
有效规划区图层	bound_area	Polygon	剔除了已有生活区、工业区的规划区
网格单元图层	cell_area	Polygon	500 m×500 m 网格划分有效规划区
地下水源补给区图层	groundwater	Polygon	

由道路图层 road 要素类生成网络要素类 roadnet，作为有关网络分析的基础。

7.2 用地评价

7.2.1 生活区的适宜性评价

根据本地区的实际情况，生活区适宜性评价选取环境、可达性、基础设施和土地获取成本四大类因素，进一步细化为 4 个准则。环境类因素细分为“与淄河的距离”(CR1)和“与高速公路的距离”(CR2)两个评价准则。其中，距淄河越近居住环境越好，距高速公路越近居住环境越差。可达性因素表达为“可达性”(CR3)准则。基础设施建设类因素选取“与现有生活区的距离”(CR4)为评价准则。在本实例中，区域内现有农村居民点密度不大，而且现有村庄普遍规划建设水平较高，可以直接纳入城镇生活区。在本实例中，认为农村居民点不影响生活区的发展，而其他征地成本因素在整个区域内并无显著不同。因此，在生活区适宜性评分中不考虑土地获取类因素。采用层次分析法(AHP)，计算四个准则的权重。

生活区适宜性评价的四个准则及对应的权重见表 7-2。图 7-3 是标准化以后的四个准则地图。准则地图的具体生成方法、权重的产生过程详见附录 A.1 节。

表 7-2 生活区适宜性评价的准则和权重

环境因素	准　　则	准则地图生成方法	准则权重
CR1	与淄河的距离	缓冲区(buffer)	0.06
CR2	与高速公路的距离	缓冲区(buffer)	0.12
CR3	可达性	采用第 4 章 4.4 节提出的方法	0.52
CR4	与现有生活区的距离	采用第 4 章 4.5 节提出的方法	0.30

采用简单加权法进行生活区适宜性评价。将四个准则地图进行叠合，

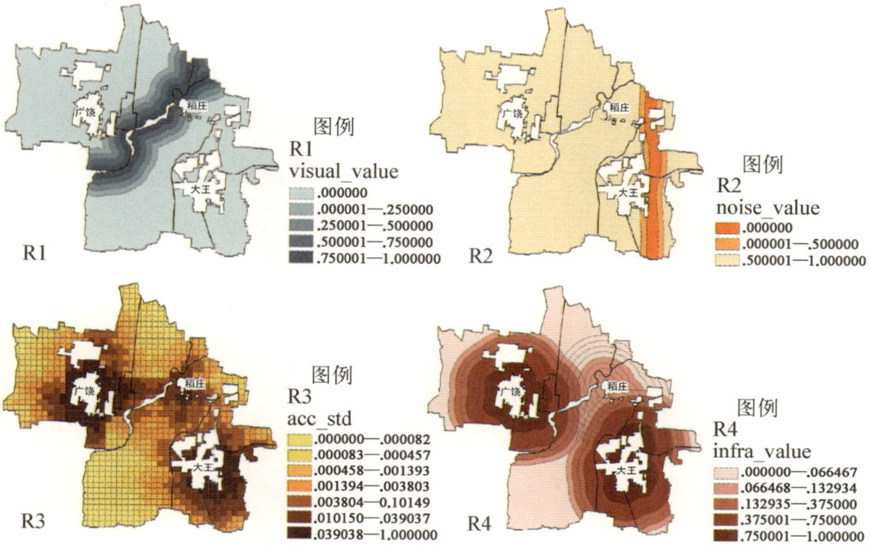

图 7－3　标准化后的准则地图 R1、R2、R3、R4

得到生活区适宜性评价的结果图层 R_union。使用公式 4－5，在结果图层 R_union 的属性表中对各个准则得分进行计算，得到生活区适宜性评价结果(图 7－4)。

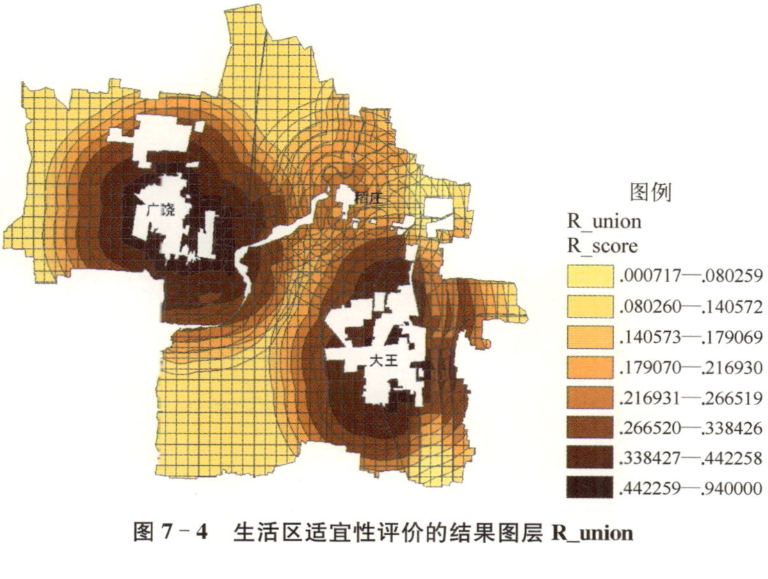

图 7－4　生活区适宜性评价的结果图层 R_union

7.2.2 工业区的适宜性评价

根据本地区的实际情况，工业区适宜性评价选取环境、交通运输、基础设施和土地获取成本四大类，进一步细化为5个准则。环境因素选取“与淄河的距离”(CM1)为准则。由于本地区各个方向的风向频率相对比较均匀，风向因素对于各个不同方位建设用地布局的影响差异不大。为此，在本实例中不把风向因素列入适宜性评价准则。交通运输类因素细分为“与高速公路出入口的距离”(CM2)和“与省道的距离”(CM3)两个评价准则。基础设施建设类因素选取“与现有工业区的距离”(CM4)为评价准则。土地获取类因素选取“农村居民点的密度”(CM5)为评价准则。采用层次分析法(AHP)，计算五个准则的权重。

工业区适宜性评价的五个准则及对应的权重见表7-3。图7-5是标准化以后的五个准则地图。准则地图的具体生成方法、权重的产生过程详见附录A.1节。

表7-3 工业区适宜性评价的准则和权重

环境因素	准　　则	准则地图生成方法	准则权重
CM1	与淄河的距离	缓冲区(buffer)	0.46
CM2	与高速公路出入口的距离	基于网络(Network)的服务区	0.11
CM3	与省道的距离	缓冲区(buffer)	0.05
CM4	与现有工业区的距离	采用第4章4.5节提出的方法	0.11
CM5	农村居民点的密度	采用第4章4.6节提出的方法	0.27

采用简单加权法进行生活区适宜性评价的决策。将准则地图M1、M2、M3、M4、M5进行叠合，得到工业区适宜性评价的结果图层M_union。使用公式4-5在结果图层M_union的属性表中对各个准则的得分进行计算，得到工业区适宜性评价结果(图7-6)所示。

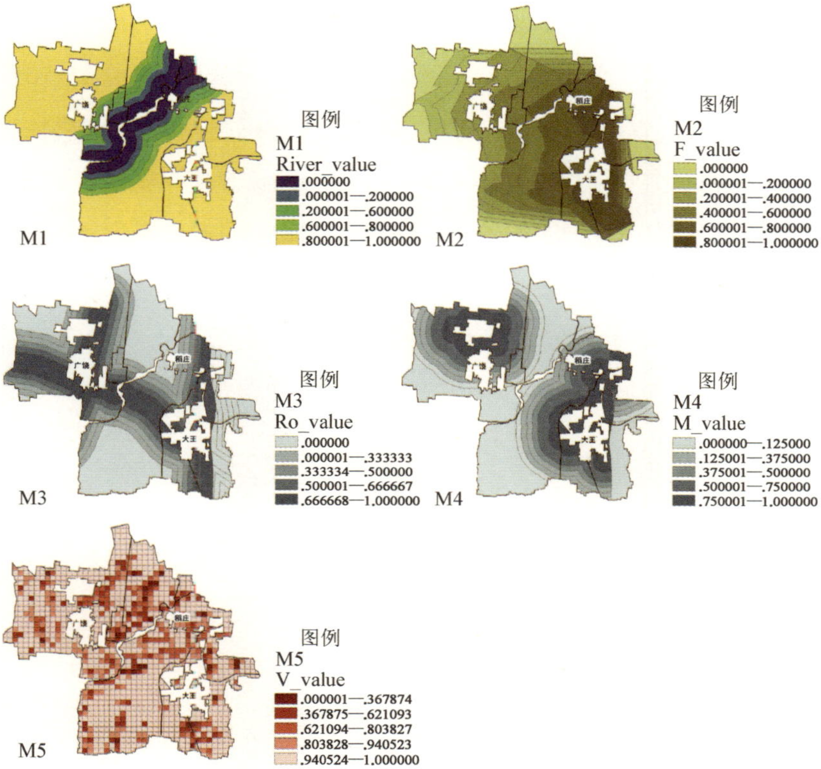

图 7-5　标准化后的准则地图 M1、M2、M3、M4、M5

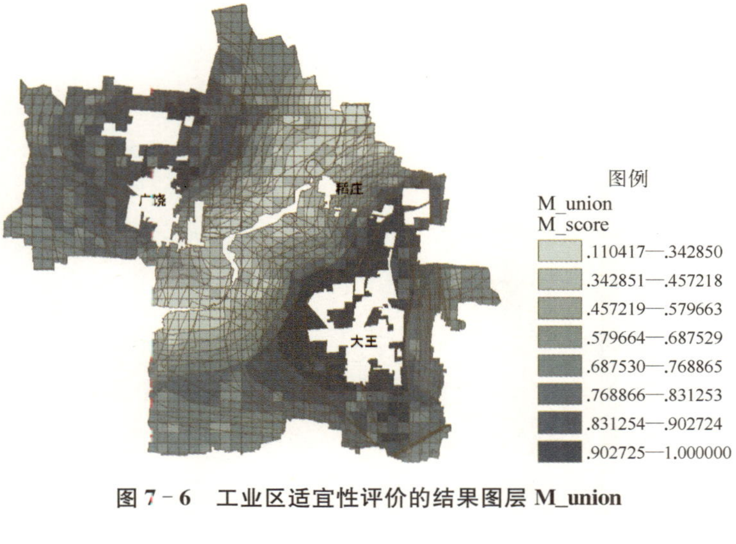

图 7-6　工业区适宜性评价的结果图层 M_union

7.2.3 生活区、工业区适宜性评价图层叠合

将生活区适宜性评价结果 R_union 和工业区适宜性评价结果 M_union 进行叠合，得到适宜性评价的结果图层 R_M_union。这一图层中的每一个多边形就是基本用地分析单元，每一用地分析单元同时具有生活区适宜性得分和工业区适宜性得分。

整个用地评价的过程如图 7－7 所示。

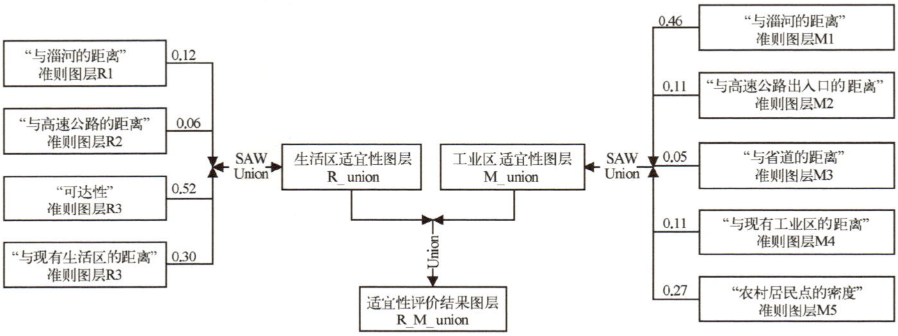

图 7－7 用地评价的过程

7.3 "绿心"政策的模拟与评估

7.3.1 使用开发约束子模型模拟"绿心"政策

本实例考虑两种禁止建设用地管制政策。

(1)"环境底线"政策(E1)。维持区域正常生态环境所必需的最低限度控制范围划入禁建区。具体包括：禁止在地下水源的补给区内(潍高路以南、淄河以西)的开发；禁止在淄河及水库两侧 500 m 范围内的一切开发，禁止东青高速公路以东地区的开发。政策 E1 划定的禁建区，包括了生态敏感区以及最低限度的基本农田数量。

(2)“生态优先”政策(E2)：考虑生态基础设施优先的原则(俞孔坚等，2005)，将区域可持续发展所依赖的自然系统均划入禁建区。具体包括：生态敏感区—淄河及淄河水库两侧各 1 000 m 范围；地下水源的补给区(潍高路以南、淄河以西)；两片非建设用地廊道—引水渠至孟胜路之间为南北向廊道；傅家路南侧 1 000 m 范围为东西向廊道。同样，禁止东青高速公路以东地区的开发。

在本实例中考虑两种城市形态管制政策。

(1)“形态无控制”政策(C1)：不对建设用地(生活区、工业区)扩展作形态和空间上的控制，即允许在禁建区外任何区域进行开发。

(2)“形态有控制”政策(C2)：对未来的建设用地(生活区、工业区)扩展做出限制。规划中的新增建设用地必须在已有建成区周边 1.5 km 范围内。这一限制是出于充分利用现有建成区内的公共设施和基础设施的考虑。

以上两种政策均保证建设用地的总量不突破统一的用地规模要求。

两种禁止建设用地空间管制政策和两种城市形态管制政策，组成四组土地开发政策方案，如表 7 - 4 所示。

表 7 - 4　四组政策方案的组合

政　策	政策 C1(形态无控制)	政策 C2(形态有控制)
政策 E1(环境底线)	方案 1——政策 E1C1	方案 3——政策 E1C2
政策 E2(生态优先)	方案 2——政策 E2C1	方案 4——政策 E2C2

在适宜性评价的基础上，分别模拟四组开发政策下开发约束结果。采用第 5.4 节提出开发约束叠合方法模拟禁止建设用地管制政策、城市形态管制政策。本实例中的开发约束子模型详细的运行过程和结果详见附录 A.2 节。

通过 Clip 叠合分析模拟政策 E1、E2。政策 E1、E2 划定了不同的禁建区范围。政策 C2，也采用 Clip 叠合方法实现；模拟政策 C1 不控制城市形态，不再进行叠合。开发约束子模型的运行结果得到图层 RM_E1C1、RM_E1C2、RM_E2C1、RM_E2C2，分别与对应四组不同的“绿心”政策对应（图 7－8）。

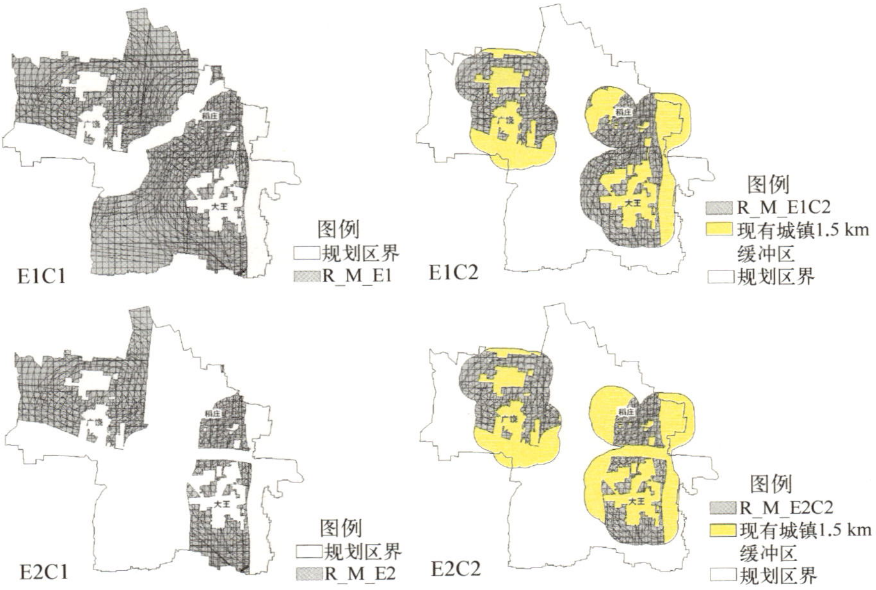

图 7－8　四种政策下的开发约束的结果

（图层 RM_E1C1、RM_E1C2、RM_E2C1、RM_E2C2）

7.3.2　使用用地分配子模型分配用地需求

在研究绿心政策时，使用统一的用地分配规则。使用优先分配生活区的政策（相当于 $k=+\infty$），就是四组结果均使用生活区无条件优先的分配规则进行。具体的实现过程包括以下四个步骤。四个政策方案对应图层 RM_E1C1、RM_E1C2、RM_E2C1、RM_E2C2 分别进行以下计算步骤：

（1）按照生活区适宜性评分值“R_score”，从高到低顺序优先选择新建生活区用地。优先产生 20 km^2 的生活区，得出整个规划区内生活适建区。

(2) 按照工业区适宜性评分值“M_score”，在剩余的用地分析单元内，从高到低顺序选择新建工业区用地，产生 23 km^2 的工业区，得出整个规划区内工业适建区。

(3) 既不是适建区，又不是禁建区的区域就是通常意义上的限建区。三种分配结果保存在属性字段“allocation”。其中，“E”——限建区、“R”——生活适建区、“M”——工业适建区。

(4) 合并。

对以上产生的计算结果图层，按属性字段“allocation”进行多边形合并(dissolve)，得到四个不同政策组合下的未来土地使用布局图层 E1C1(方案 1)、E2C1(方案 2)、E1C2(方案 3)、E2C2(方案 4)。两种土地使用需求的分配过程使用 VBA 对 ArcObjects 进行开发编程实现。用地分配及其主程序 value_area 的流程与程序代码详见附录 A. 3 节。

四种不同政策下的未来土地使用如图 7－9 所示。

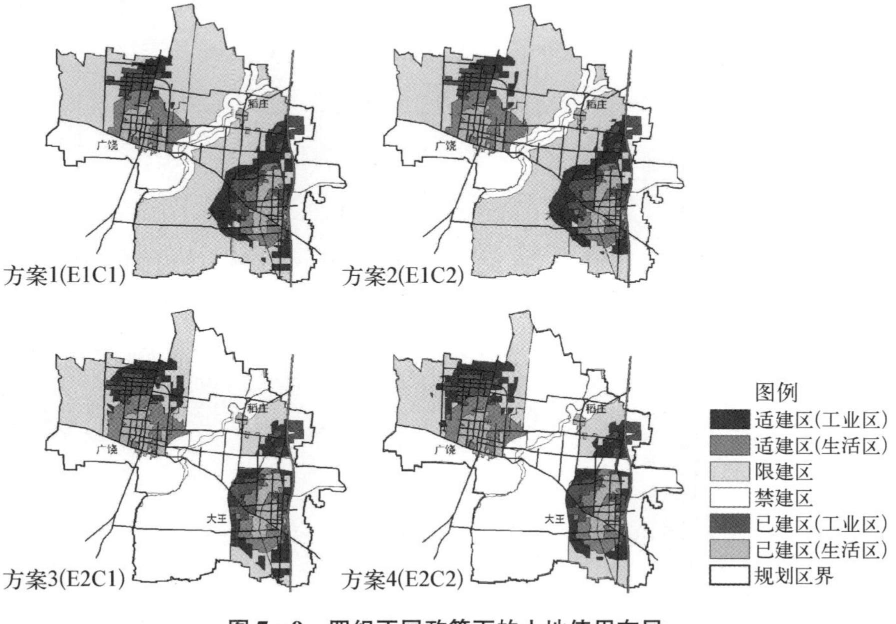

图 7－9　四组不同政策下的土地使用布局

7.3.3 对四组“绿心”政策方案的比较

方案1的模拟显示，在政策E1和C1下，最适宜发展的工业区位于青垦路沿线，新发展的生活区很大部分将集中在广饶镇。由于对城市形态没有控制，青垦路沿线工业区将连续蔓延发展。方案2的模拟显示，由于采取了城市形态控制政策C2，新增建设用地与方案1相比较为集中。不管对城市形态进行限制与否，方案1、2表明，在政策E1下，最适宜的工业区集中在大王、稻庄两镇，但是无法限制工业区越过孟胜路向“绿心”方向蔓延。方案3的模拟显示，由于采取了政策E2，限制了工业区跨越孟胜路向西发展，青垦路沿线的大王、稻庄两镇的工业区也不会连成一片。大王镇的生活适建区有了增加，而广饶镇的工业适建区有了显著增加。方案4的模拟显示，在政策E2的基础上，进一步实施政策C2进行城市形态限制，更加有利于控制建设用地沿主要公路无序蔓延。方案3、4表明，政策E2的实施对于广饶镇的工业区发展、大王镇的生活区发展有至关重要的影响。而无论采用哪一种方案，稻庄镇现有生活区都不会有明显拓展。

显然，要维持三镇之间“绿心”的设想，政策E2比政策C2更加有效。政策E2实施不会制约城镇必要的发展；仅靠政策C2难以控制“绿心”周边的土地使用。同时实施政策E2、C2是实现“绿心”土地使用布局的理想方案。对于这四种方案比较，有助于最终确定土地使用规划、落实相应的土地开发政策。

7.4 “优先发展”政策的模拟与评估

7.4.1 相关“优先发展”政策的分类

1. 基本方法

有关“绿心”政策的评估，确定了方案4 E2C2对应的开发政策。在方案 4 对应的政策 E2、政策 C2 基础上，改变分配规则，对是否需要继续实施“优先发展工业区”的政策进行评估。

“优先发展”政策的评估使用 LUPS 的用地分配子模型，运用双重目标用地分配规则，对未来政策进行评估而实现。根据研究要求，确定两个决策目标是：

(1) 目标 X——“获取最适宜的 20 km^2 生活区”

(2) 目标 Y——“获取最适宜的 23 km^2 工业区”

优先发展工业区，还是优先发展生活区的政策，体现为双重目标相互之间的权重关系。通过比较不同的权重，回答本实例研究目标中所提出的问题：未来延续优先发展工业的思路是否可行，是否会阻碍、影响生活区拓展？如果未来政策向优先发展生活区倾斜，是否仍会有足够的适宜用地供工业区使用，是否会阻碍该地区的工业发展？

2. 确定需要评估的政策

确定不同“优先发展”政策的关键是确定目标 X(生活区)、目标 Y(工业区)两者之间的权重 wx、wy。权重 wx、wy 决定了斜率 k 的数值。不同的 k 值反映了在执行“优先发展”政策时，工业区、生活区不同的选址优先度。在实际研究中，反复研究的多种 k 值，包括：$k=+\infty$、$k=3$、$k=1.5$、$k=1.2$、$k=1$、$k=0.8$、$k=2/3$、$k=1/3$、$k=0$。根据该区域未来可能发展势态，最终选取了三种不同 k 值的分配规则进行比较，分别对应三种优先发展政策。

政策 1：$k=1/3$，即 $wx=0.25$，$wy=0.75$。在选择开发类型时，工业区略优先于生活区。与 $k=0$(无条件工业优先)相比，这一政策比较客观地反映了当前的开发政策。执行政策 1，延续了当前的工业优先发展思路。

政策 2：$k=1$，即 $wx=0.5$，$wy=0.5$。在选择开发类型时，工业区、生活区两者同等重要，不侧重任何一方。

政策 3：$k=3$，即 $wx=0.75$，$wy=0.25$，在选择开发类型时，生活区优先于工业区。与 $k=+\infty$（无条件生活区优先，也是前文“绿心”政策模拟时所使用）相比，这一政策也是比较实际，反映了未来可能的开发政策。

7.4.2 用地分配

对应的用地分配按第 6.4 节提出的方法，使用 VBA 对 ArcObjects 进行开发编程实现。在分配后，对每一个政策对应的输出结果按用地性质进行合并，得到的三种不同“优先发展”政策下的未来土地使用（图 7－10）。有关“优先发展”政策的用地分配的具体过程与运行过程、相关程序代码详见附录 A.4 节。

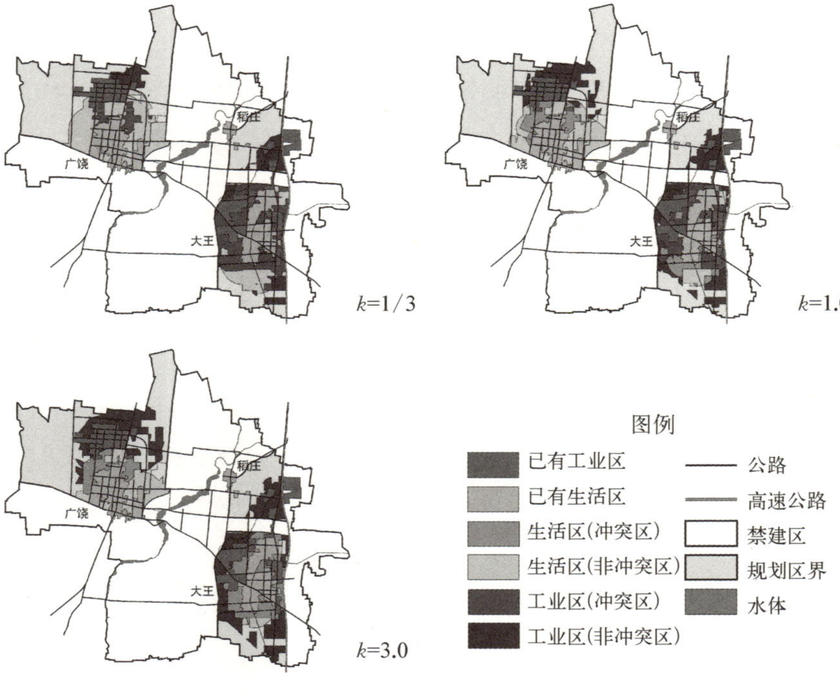

图 7－10　三种不同 k 值下的土地使用布局

7.4.3　三种优先发展政策的比较和评估

从评估的结果看，政策 1 继续延续当前的优先政策，会出现不利的结果。大王镇生活区将会受到极大的限制，将出现工业区包围生活区的情况。县城广饶镇成为生活区的主要发展区域。政策 2 采取工业区、生活区两者并重的策略，大王镇的生活区将向南发展，东西两侧仍将为工业区包围。县城广饶镇将形成工业区在北，生活区在南的格局。政策 3 采取生活区略为优先的政策，大王镇将会形成工业区在西侧、生活区在东侧的布局，两者不再相互制约。与政策 2 相比，县城的规划格局不再有大的变化，仅工业区的面积将有所扩大。而不管哪项政策的实施，对稻庄镇的规划格局不会有显著影响。

评估结果显示，继续执行现有工业优先的政策 ($k=1/3$) 是不妥的，将会严重制约大王镇的生活区发展，也会影响县城的工业区的发展。实施生活区优先发展的政策 ($k=3$)，将会有利于形成合理、可持续发展的规划布局。因此，可以得出结论：在该地区未来不能再延续优先发展工业的思路，否则会阻碍、影响生活区发展；未来政策必须向优先发展生活区倾斜，优先发展生活区的政策不会阻碍该地区的工业发展。

7.5　本 章 小 结

本应用实例将 LUPS 应用于总体规划阶段特定土地开发政策的评估，将不同的土地开发政策转变为开发约束规则，或者转变为多种用地分配规则，从而得到贯彻某种、某类政策的用地布局初步方案。根据这些用地布局初步方案，判断特定政策实施的结果，从而为政策的制定、决策提供支持。这些特定的土地开发政策，实际上是规划中参与各方不同的价值观、不同的利益的体现。LUPS 将这些政策对土地使用的影响透明化，能够反映各方价值观、利益，将政策与规划布局直接联系起来。在当前城市总体规划、战略规划等阶段，LUPS 是一种评估规划区内土地开发政策的有效手段。采用 LUPS 得到了规划区内用地布局示意，也可以直接指导下阶段土地使用规划深化。

本实例表明，LUPS 是一种支持土地开发政策的评价和决策支持有效工具，可以为决策者提供政策与规划方案之间清晰的对应关系，提高决策的透明度。借助 LUPS，规划师模拟不同土地开发政策实施带来的土地使用变化；用可视化方式传达给决策者，寻求科学的规划决策。

第8章

应用二：结合情景规划的用地布局研究

在城市总体规划中，用地布局方案起到承上启下、协调各专项规划的关键性作用。实际工作中，在城市性质、规模不变情况下，专业人员基于预测分析会提出多个用地布局方案。用地布局方案在比较论证中，经常引起参与各方的争议。目前依靠经验进行判断、取舍。此外，总体规划实施中往往会受到多种外部不确定因素影响，大到宏观政策，小到一条高速公路的选线。在规划实施中，某些外部因素一旦发生变化，可能迫使规划做出大幅度调整，甚至推倒重来。如何提高总体规划对外部条件变化的适应性，值得从编制技术、方法上进行探讨。

在本实例中，将 LUPS 应用于城市总体规划编制中支持用地布局方案的生成和评价，引入情景规划的工作方法，将 LUPS 和情景规划方法结合，探讨用地布局方案的评价、比较，提高方案的透明性，以及方案选择过程的可靠性，实现合理的决策支持。

本章以下首先简要回顾情景规划的产生背景及其工作方法。随后提出了一个四阶段的工作框架，LUPS 在此框架内支持土地使用规划的产生，并使用目标达成矩阵法对 LUPS 产生的不同用地布局方案进行比较分析，选择符合可持续发展用地布局方案及其实施措施。

8.1 情景规划

8.1.1 情景规划的概述

情景规划(Scenario Planning)是一种判断当前的决策在不确定的未来是否有效的工具,最早在二战前后运用于军事演习,随后开始在商业战略领域应用。20世纪60年代末期至70年代初期,荷兰皇家壳牌石油公司Pierre Wack领导的小组开始运用情景规划制定企业发展战略。依靠情景规划,壳牌石油公司成功地预见和应对了1973年石油危机(Wack, 1985)。情景规划由此开始为世人所瞩目。此后,这一方法衍生出各种应用,逐步成为企业战略管理领域使用最广泛的一种战略方法(邱昭良,2007)。

"情景"(Scenario)这一词最早由Herman Kahn提出(van der Heijden, 2005)。Kahn认为"情景"就是某一事物的未来情形,以及能使事态由现在向未来发展的一系列状态。未来是多样的,多种潜在的结果都有可能在未来出现;通向这些未来结果的途径也不是唯一的。采用讲故事的方法(storytelling),情景也就是经过仔细构思的有关未来不同版本的"故事"。基于"情景"的"情景规划"依据多种可能的未来拟定规划,设想未来可能发生的"情景",并加以综合分析,来回答当未来某种情况发生时,该如何应对的问题。

情景规划最基本观点是未来的不确定性和不可预测性,其基础是对来自外部的不确定性及其影响的认识和理解,以及对未来变化的驱动力量的把握。情景规划的工作方法认为:未来充满着不确定性,难以预测确定,但是有部分内容是可以预测,所以需要区分可预测的事件和那些难以确定的事件。可以预测的事件是所谓的"先决因素"(predetermined),难以确定的事件就是所谓的不确定因素(uncertainty),先决因素会以同样的方式发生在所有的"情景"中，但是不确定因素则不同的方式存在于不同"情景"之中(van der Heijden，2005)。情景规划就是从不确定性的研究入手；努力推断出未来的不确定因素及其关键性驱动力量。根据这些关键性驱动力量未来可能的若干种状态，归纳为若干个"情景"，并制定若干个相应的应对战略措施。最后，综合考虑不同情况("情景")下应采取的战略措施，最终制定出当前相应的战略。情景规划把未来的不确定性与当前必须做出的决策有机地结合起来。情景规划的目的不是为了一个更加精确的未来写照，而是一个更加清晰可靠的今日决策(Zegras et al.，2004)。

8.1.2　情景规划与传统规划方法比较

传统的规划方法使用一种"预测与控制"(predict-and-control)的方法。预测对于传统的规划方法至关重要。预测是在因果论的基础上预见未来，假设战略问题总是存在一个正确的答案，战略规划就是尽可能地接近这个答案。所以，传统的规划方法总是试图将不确定性从战略规划中排除出去，或者将其"确定"下来。它假定有专家能够预知"最有可能的未来"，并有能力评估发生各种情况的可能性，以确保得到最佳的预测和规划。传统规划方法是以历史和现实状况作为预测未来的主要依据。在现实中，影响未来的因素是多变的，这些因素的历史表现不一定能预示未来的趋势，更有许多因素是未来新出现的，根本就没有历史数据可以借鉴。一旦未来发展环境发生了重大变化，运用传统方法制定出来的战略就有可能难以应对。

情景规划的假设前提是：战略规划面临的情况，必定存在无法排除的不确定性和模糊地带。未来是不可预测的，包含着无法降低的不确定性。但是，事件本身必定存在潜在的因果结构。这样就可以发展出一套"过程理论"，来解释各种事情为什么会发生。虽然不存在一个最佳的答案，但是因果结构中暗含着先决要素，可以据此来制定战略规划(van der Heijden，2005)。情景规划的目标并不是在于预测未来，而是在于识别隐含在潜在未来之下的驱动力量。情景规划能更好地认识这些力量，使得当前进行的决策能够适应未来的变化。

传统战略分析方法通常依据对历史和现状的分析结论预测未来发展趋势。情景规划则将关注点主要放在可能影响未来发展的因素，以及这些因素在未来可能出现的状态。传统战略分析及制定方法，通常需要预先设定一系列假定条件，将未来环境的不确定性通过假设确定下来。情景规划则正视未来发展的不确定性，通过对不确定性的深入分析明确未来环境发展可能出现的状态。

传统的预测方法能在短时期内发挥因素，因为不确定因素相对较少，在此范围内理性的"预测与控制"是有意义的、有必要的。在较长的时期内，可预测的事物较少，不确定因素较多，情景规划的方法就有优势（van der Heijden，2005）。

8.1.3 常规的情景规划工作步骤

常规的情景规划工作方法包括以下六个步骤（van der Heijden，2005；岳珍、赖茂生，2006）。

（1）明确决策焦点。明确所要决策的内容，凝聚情景发展的焦点。决策焦点具备两个特点：重要性和不确定性。焦点问题必须难以预测，带有不确定性，会产生不同的结果。

（2）识别关键因素。确认所有影响决策的关键因素，即直接影响决策外部环境因素。

（3）分析外部驱动力量。确认重要的外部驱动力量，包括政治、经济、社会、技术各层面，以决定关键决策因素的未来状态。

（4）选择不确定的轴向。将驱动力量以冲击水平程度与不确定程度按高、中、低加以归类。选出两到三个属于高冲击水平、高不确定的驱动力量群组，作为情景内容的主体构架，进而发展出情景逻辑。

(5) 发展情景逻辑。选定两到三个情景，这些情景包括所有的焦点，针对各个情景进行各细节的描绘。

(6) 分析情景的内容，最后认定各情景在决策上的含义。

8.1.4　城市规划中的情景规划

“未来”是所有城市和区域规划关注的焦点。首先，对于城市规划来讲，规划所关注的时间跨度相当长(可能是 20 年，或者更长)。一般来讲，时间越远的未来越是难以把握。城市规划中通常采用不同的预测技术推算未来的情况。这些预测技术一般是基于现状数据和趋势，采用不同的方法，最终产生未来相应情况。这些常规预测方法实际上隐含了许多假设前提。例如，假定影响城市发展的因素不变，或者假定发展趋势可以预知等。这些假设前提或条件会直接影响，甚至主导预测的结果(Wachs, 2001)。

此外，专业人员在预测中制定的假设前提一般不会解释给决策者和普通公众，所以对于决策者只能被动地接受预测和基于预测的规划(Myers and Kitsuse, 2000)。采用常规预测方法形成的规划可以应对预测中的问题，但是无法有效应对不可预计的事件。其次，规划中需要了解来自外部各种因素，包括机遇、挑战等，这些外部因素会导致不同的、不确定的未来。无论是规划制定者还是实施者都无法控制这些外部因素，也无法去选择这些外部因素，只能围绕着未来而进行规划。为此，需要选择几种有可能的“未来”，为这些未来而规划，而不是选择一种单一的预测结果进行规划(Dalton, 2001)。因此，城市规划中应用的情景规划的方法是有必要的，也是可行的。

情景规划的方法从商业战略领域开始得到较为广泛的应用，也渗透到了许多其他领域。在城市规划中，应用情景规划的方法最早也可以追溯到 1960 年代(Xiang and Clarke, 2003)。1964 年，McHarg 在巴尔的摩 Green Spring and Worthington 山谷地区增长研究中，就开始使用类似的方法。

进入 20 世纪 90 年代以后，出现了比较系统运用情景规划进行战略性规划的案例。如休斯顿的交通规划(Zegras et al., 2004)与澳大利亚 Hervey 湾地区的战略规划(Pettit and Pullar, 2004)。基于情景规划的方法是当前国外战略性土地使用规划中的常用方法(Xiang and Clarke, 2003; Guhathakurta, 2002)。在国内城市规划界，最近也有了关于情景规划方法的讨论(王睿、周均清，2007)。宗跃光等(2007)将这一方法用于研究经济开发区的工业用地置换。丁成日等(2006)在北京城市总体规划前期研究中也探索了采用类似的方法模拟规划方案。

本章以下使用 LUPS，将情景规划方法运用于城市总体规划，目的是探索一种城市总体规划中产生与评价用地布局的通用方法。

8.2 实例二的研究背景和研究方法

8.2.1 研究范围

保山市位于云南省的西部，位于国道主干线 GZ65(上海至瑞丽高速公路)、泛亚铁路西线(大理—瑞丽段)的沿线。《保山市城市总体规划》将研究重点放在保山城市规划区这一层面。保山城市规划区以保山坝区周边主要山体的山脚线为界，面积 216 km^2。保山城市规划区的主体是保山坝区①。

城市规划区内所有的城镇和农村居民点均位于坝区内。除了保山市区外，有板桥、河图、辛街、金鸡、沙坝、汉庄等六个主要城镇，合计近 300 个农村居民点(图 8-1)。

① 云南是一个多山的省份，在连绵起伏的山岭之间分布着许多小的盆地。这种盆地在当地称作“坝子”“坝区”。坝子内部地面比较平坦，土层深厚，一般都是农业比较发达，人口比较集中的地方，每个坝子几乎都是城镇的所在地。坝区中部一般地势低洼。

坝区共有人口 33 万，其中城镇人口约 16 万人。保山坝区内有耕地近 17 万亩，怒江的支流东河从坝区中央穿过。特殊地形地貌决定了保山坝区在城镇化过程中具有极其重要的地位，也决定了保山坝区又是农业发展的中心地区。质量较高的耕地都在城镇周边，城镇建设和城市扩张首当其冲要占用这些良田。坝区中部东河沿线地势低洼，有自然形成的高原湖泊和湿地，属于生态敏感区，这对未来的建设用地扩展有重大的影响。在《保山市城市总体规划》编制过程中，认为在规划区内合理安排土地使用布局是推进市域城镇化进程，推动经济发展的重要环节。为此，对坝区未来土地使用变化进行专题研究，为最终确定坝区内的土地使用的规划布局提供依据，为规划决策提供支持。

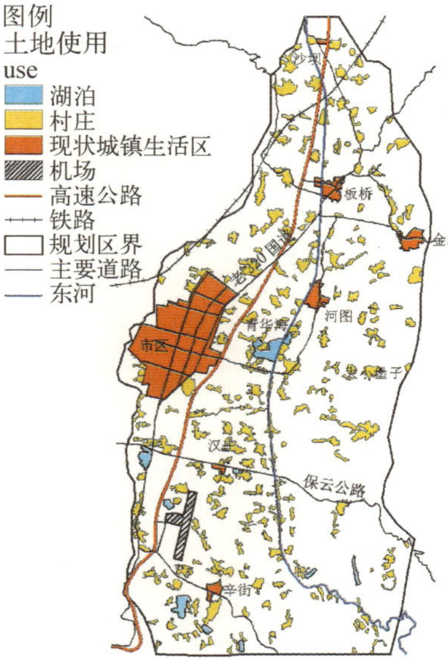

图 8－1　规划区内土地使用与交通系统现状图

8.2.2　区域概况

1. 自然条件

城市规划区划分为三种地貌。平坦的河谷地形占总面积的 65.63%，位于规划区的中部；丘陵地区占 31.02%，主体位于规划区的东南部大小堡子地区，少量位于规划区的东北部。此外，规划区西侧包括了部分山体，面积占 3.35%。规划区内农田集中在河谷平原地区，这一地区也是城镇、农村居民点密集区(图 8－2)。

坝区中部地势低洼，东河在中间穿越。坝底中部历史上是较大范围的湿地。海拔 1 645 米以下地区易于受洪涝影响，不适合耕作，其中海拔 1 643

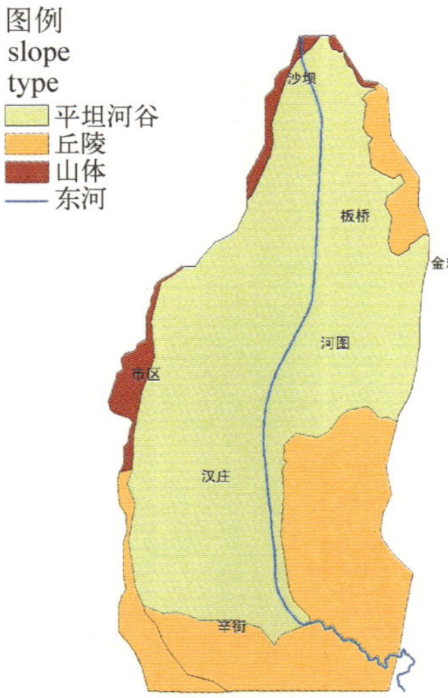

图 8-2　规划区地形坡度分区

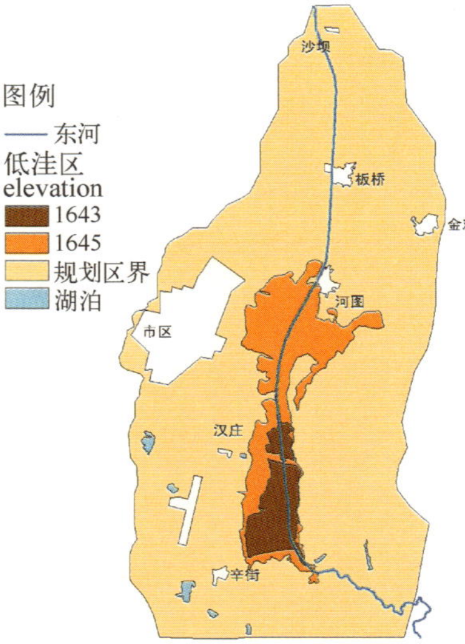

图 8-3　湖泊、湿地和生态敏感区

米以下范围尤其易淹没。规划区中部的青华海是规划区内最大的高原湖泊,在海拔 1 645 m 以下范围内。近年来随着退耕还湖项目实施,青华海的水体逐步恢复。此外规划区内还有大小高原湖泊 10 处,均属于生态敏感区(图 8-3)。

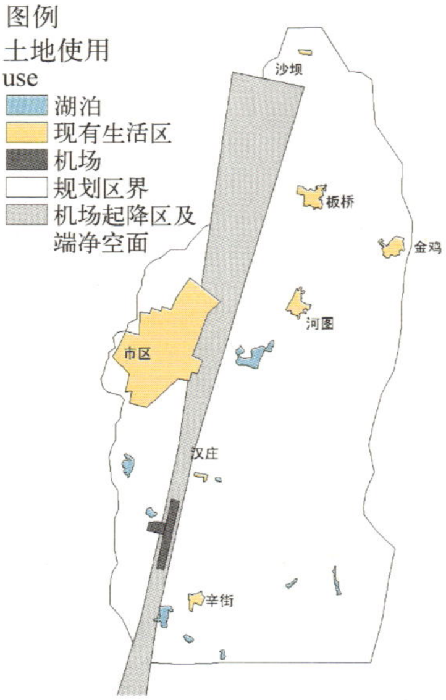

图 8-4　机场的起降区及端净空区

2. 交通条件

国道主干线高速公路(GZ65)纵贯坝区,在板桥、市区和机场设有三个出入口。泛亚西线铁路保山段在坝区西侧通过,在市区西侧设保山站。以老 320 国道和保云公路为骨架的公路网覆盖规划区(图 8-1)。保山机场位于规划区的西南部,起降区以及端净空面在市区的东侧,净空控制、起降噪声对城市会有一定影响(图 8-4)。

3. 已有的城镇建成区

规划区内共有保山市区、板桥、河图、辛街、金鸡、沙坝、汉庄，共七个城镇。现有的城镇建成区中尚没有成片、完整的工业区。按照 LUPS 中的用地分类，将现有七个城镇建成区均划作城镇生活区(图 8-1)。

8.2.3　研究方法和研究框架

1. 研究方法

以常规的情景规划方法为基础，使用 LUPS 研究保山坝区的未来土地使用，产生未来土地使用情景。将情景规划方法运用到总体规划方案的产生过程中，运用“情景”分析影响土地使用的不确定因素和先决因素，归纳不确定因素在未来可能的趋势，得出未来土地使用情景，不同土地使用情景对应不同的用地布局方案。

常规的情景规划方法并不选择最佳的情景(van der Heijden, 2005)，而是通过对各个情景的分析来制定对策。根据不确定因素在未来的变化，会及时调整策略和应对措施。在城市总体规划中应用情景规划的方法，相应的工作方法会有所不同。其原因在于，虽然城市未来的土地使用会有多种的情景，不同情景会对应不同的当前决策，但是与企业管理领域不同，城市不是企业，未来不可能对土地使用布局结构进行频繁的调整。所以，在总体规划应用情景规划方法，应该更加重视对情景的评价，选择最符合既定目标的土地使用情景。围绕这一情景，制定具体的实施措施，尽可能保持城市发展的延续性。这是土地使用情景与企业管理领域中情景规划的重大区别。为此，需要进一步增加情景评价这一工作阶段。

2. 工作步骤

结合本实例使用 LUPS 的特点，分为用地评价、情景归纳、情景模拟、情景评价四个工作阶段。

（1）阶段一：用地评价，即判断先决因素对未来土地使用的影响，按照不同用途的建设用地类型，根据影响土地使用的各种先决因素，分别对所有用地进行适宜性评价。

（2）阶段二：情景归纳，即判断不确定因素对未来土地使用的影响。根据经济、资源、环境等不确定因素，研究其驱动力，根据驱动力的状态形成若干情景。

（3）阶段三：情景模拟，即将用地评价和不同情景的驱动力综合起来，生成不同的土地使用情景，相当于常规的用地布局方案。

（4）阶段四：情景评价，即评价和选择最符合规划目标的土地使用情景，选择相应的政策。

其中，用地评价是使用 LUPS 的用地评价子模型进行，情景归纳包含了常规情景规划的“明确决策焦点”“识别关键因素”“分析外部驱动力量”“选择不确定的轴向”四个过程。情景模拟是使用 LUPS 的开发约束子模型、用地分配子模型“发展情景逻辑”。情景评价是常规情景规划所不涉及的内容。

3. 研究框架

在本实例中，LUPS 是支持总体规划中情景规划方法的技术基础。LUPS 的三个子模型在不同阶段应用。其中，用地评价子模型用于用地评价阶段一；开发约束子模型和用地分配子模型用于阶段三。阶段二采用常规情景规划的方法，根据社会、经济、资源、环境等因素进行。阶段四采用目标达成矩阵法（GAM）对不同土地使用情景进行评价。应用实例二的研究框架如图 8－5 所示。

8.2.4 基础数据

本实例所使用的基础数据及其说明见表 8－1。

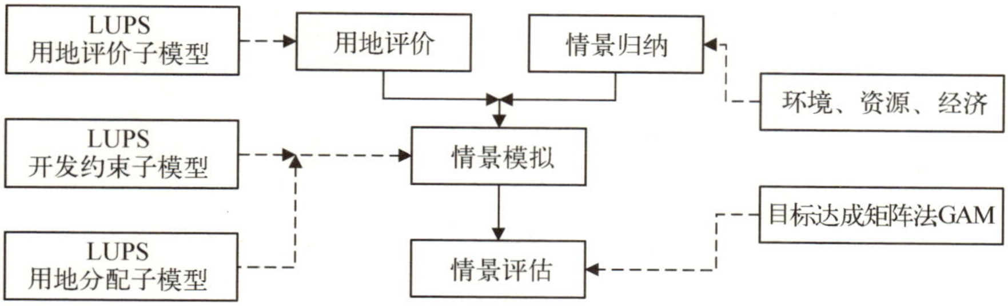

图 8-5　应用实例二的总体框架

表 8-1　应用实例二的基础空间数据

图　　层	要素类名称	类　型	说　　明
土地使用图层	landuse	Polygon	城镇、村庄、湖泊、机场
地形坡度分区图层	slope	Polygon	平原、丘陵、山地
东河图层	donghe_river	Polyline	
道路图层	road	Polyline	
高速公路图层	freeway	Polyline	
高速公路出入口图层	freeway_entrance	Point	
铁路图层	railway	Polyline	
机场净空区图层	airport_control	Polygon	起降区及端净空区
低洼区图层	contour	Polygon	海拔 1 643 米、1 645 米等高线范围
有效规划区图层	planning_area	Polygon	剔除了城镇、机场、湖泊的规划区
网格单元图层	cell	Polygon	500 m×500 m 网格划分有效规划区

8.2.5　规划区内建设用地的需求

根据 LUPS 的前提，城市规划区内的未来建设用地需求已经通过常规的规划预测方法确定。预测未来城市规划区内总建设用地需求 50 平方公里。其中,现状已有各类城镇建设用地 12.5 平方公里,还需要增加建设用地 37.5 平方公里。按照国家《城市用地分类与规划建设用地标准》中相关建设用地的构成比例以及规划区内现有用地的构成,确定未来需要增加生活区 22.5 平方公里,工业区 15 平方公里。

8.3 用地评价

用地评价是研究和归纳影响未来生活区、工业区布局的先决因素,作为用地适宜性评价的依据。由于用地评价涉及的因素为可预测的先决因素,所以用地评价结果在所有情景中都会出现,是每一个土地使用情景的基础。

8.3.1 生活区的适宜性评价

根据保山坝区的实际情况,生活区适宜性评价选取环境、可达性、基础设施和土地获取成本四大类因素,进一步细化为 5 个准则。环境类因素细分为“与青华海的距离”(CRv)和“与机场跑道的距离”(CRn)两个评价准则。可达性因素表达为“可达性”(CRa)准则。基础设施建设类因素选取“与现有生活区的距离”(CRi)为评价准则。土地获取类因素选取“农村居民点的密度”(CRc)为评价准则。采用层次分析法计算 5 个准则的权重(表 8-2)。

生活区适宜性评价的 5 个准则及对应的权重见表 8-2。图 8-6 是标准化以后的 5 个准则地图。准则地图的具体生成方法、权重的产生过程详见附录 B.1 节。

表 8 - 2　生活区适宜性评价的准则和权重

	准　　则	准则地图生成方法	准则权重
CRv	与青华海的距离	缓冲区(buffer)	0.07
CRn	与机场跑道的距离	缓冲区(buffer)	0.12
CRa	可达性	采用第 4.4 节提出的方法	0.43
CRi	与现有生活区的距离	采用第 4.5 节提出的方法	0.22
CRc	农村居民点的密度	采用第 4.6 节提出的方法	0.17

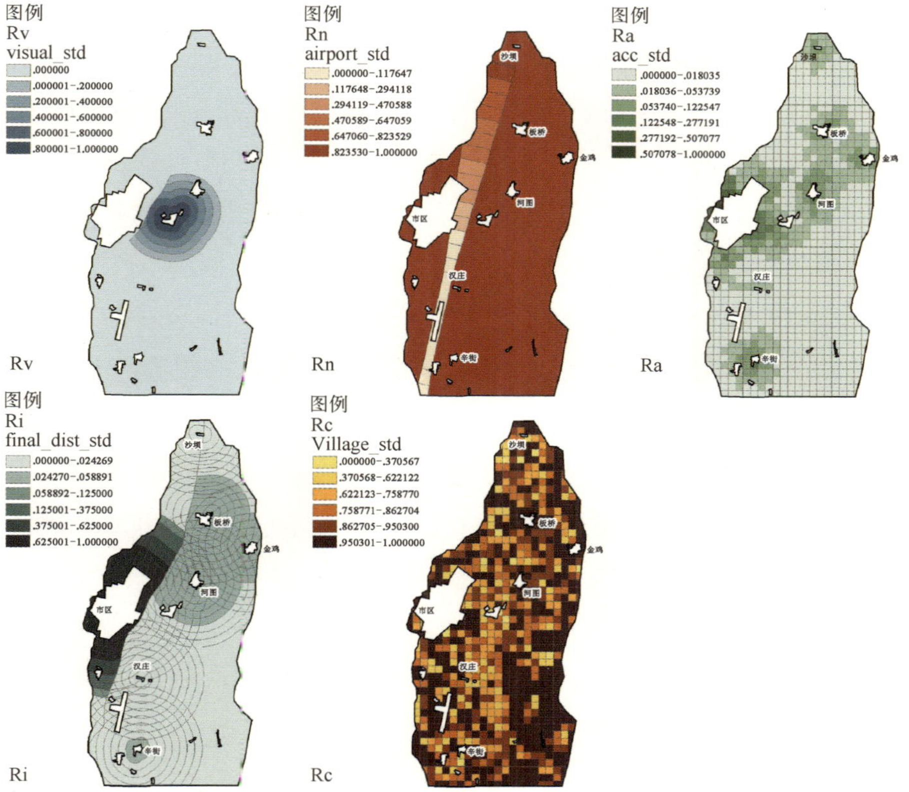

图 8 - 6　标准化后的准则地图 Rv、Rn、Ra、Ri、Rc

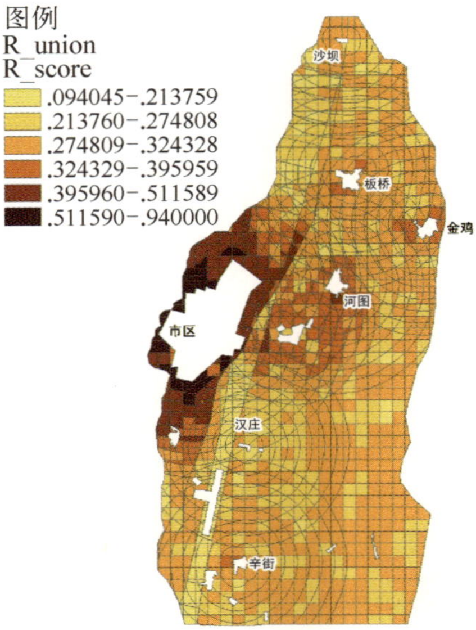

图 8-7　生活区适宜性评价的结果图层 R_union

将准则地图 Rv、Rn、Ra、Ri、Rc 进行叠合，得到生活区适宜性评价的结果图层 R_union。使用公式 4-5 在结果图层 R_union 的属性表中对各个准则的得分进行计算，得到生活区适宜性评价结果图层(图 8-7)。

8.3.2　工业区的适宜性评价

根据保山坝区的实际情况，工业区适宜性评价在环境、交通运输、基础设施和土地获取成本四大类准则中细化出 6 个准则。环境类因素细分为“远离主导风向的上风向”(CMw)和“与生态敏感区的距离”(CMe)两个评价准则。交通运输因素表达为“与高速公路出入口的距离”(CMf)和“与主要公路的距离”(CMr)准则。由于保山规划区内现状尚没有成片工业区，此处不使用“与现有工业区的距离”衡量建设工业区的基础设施投入。现有建成区中，只有市区具备了对外提供部分基础设施服务的条件，采用“与市区的距离”表达新工业区建设所需要付出的部分基础设施投入。为此，基础设施建设类因素选取“与市区的距离”(CMi)为评价准则。土地获取类因素选取“农村居民点的密度”(CMc)为评价准则。采用层次分析法计算 6 个准则的权重。

工业区适宜性评价的 5 个准则及对应的权重见表 8-3。图 8-8 是标准化以后的 6 个准则地图。准则地图的具体生成方法、权重的产生过程详见附录 B.1 节。

表 8-3　工业区适宜性评价的准则和权重

	准　则	准则地图生成方法	准则权重
CMw	远离主导风向的上风向	采用第 4.3 节提出的方法	0.35
CMe	与生态敏感区的距离	缓冲区(buffer)	0.22
CMf	与高速公路出入口的距离	基于网络(Network)的服务区	0.07
CMr	与省道的距离	缓冲区(buffer)	0.03
CMi	与现有市区的距离	采用第 4.5 节提出的方法	0.12
CMc	农村居民点的密度	采用第 4.6 节提出的方法	0.21

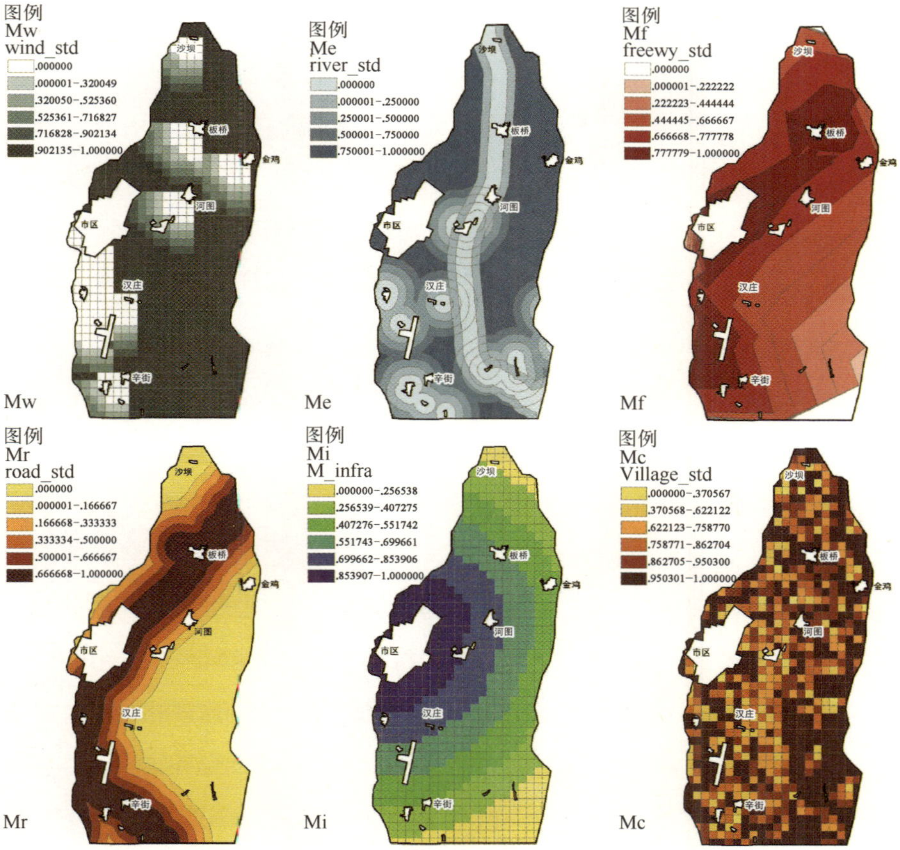

图 8-8　标准化后的准则地图 Mw、Me、Mf、Mr、Mi、Mc

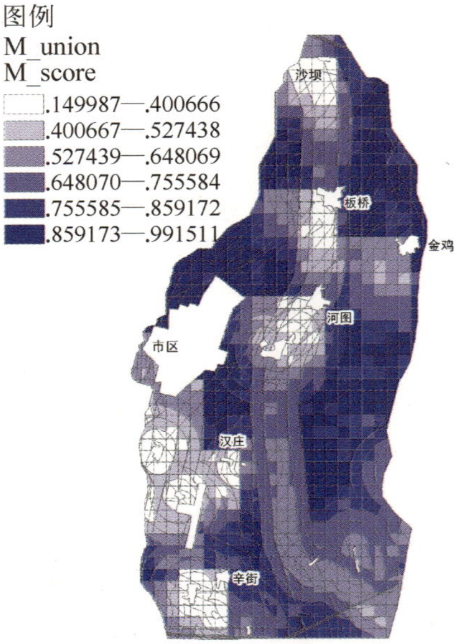

图 8-9　工业区适宜性评价的结果图层 M_union

将准则地图进行叠合，得到工业区适宜性评价的结果图层 M_union。使用公式 4-5，在结果图层 M_union 的属性表中对各个准则的得分进行计算，得到工业区适宜性评价结果（图 8-9）。

8.3.3　生活区、工业区适宜性评价图层叠合

将生活区适宜性评价的结果 R_union 和工业区适宜性评价结果 M_union 进行叠合，生成基本用地分析单元，得到适宜性评价的结果图层 R_M_union，这一图层的多边形就是基本用地分析单元，每一用地分析单元同时具有生活区适宜性得分和工业区适宜性得分。

整个用地评价过程如图 8-10 所示。

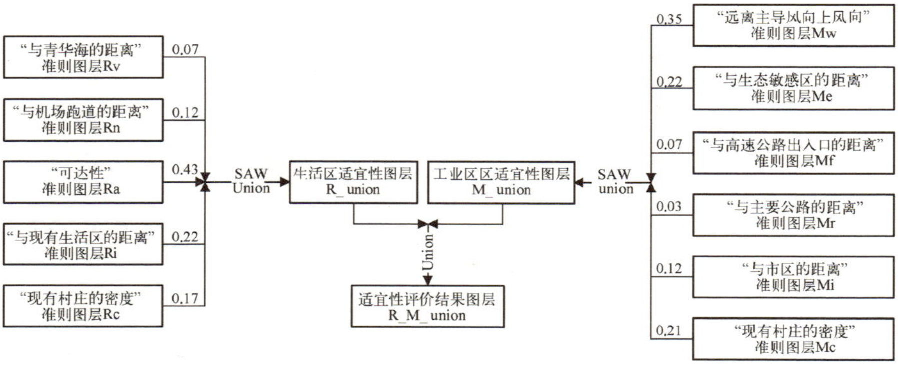

图 8-10　用地评价的过程

8.4　情景归纳

8.4.1　界定工作范围、识别关键因素

本实例的研究前提是用地需求已经通过常规的预测方法确定。为此，不把未来用地需求的总量和构成作为不确定因素，一致的用地规模将作为先决因素出现在每一个土地使用情景中。此外，由于大型交通设施布局（铁路、高速公路、机场、主要国道）已经确定，也作为先决因素已反映在用地评价中。这样，研究的决策焦点就明确到规划区内影响土地使用布局的其他主要矛盾。由此，研究中包括了以下与用地布局密切相关的三个关键不确定因素。

(1) 资源：城镇建设与农田保护之间的矛盾。由于坝区特殊的地形地貌决定了坝区是农业发展首选地区，也是当地城镇建设首选地区。虽然未来城镇建设用地总量是确定的，但是建设用地向哪些地域扩张、如何扩张、是否占用农田、占用多少农田都是不确定的。

(2) 环境：如何落实湿地等生态敏感区的保护。虽然保护生态敏感区不会有疑义，但是如何落实保护措施，划定多大保护范围是不确定的。

(3) 经济：在城镇建设中如何协调生活区建设、工业区建设之间关系。虽然两大类区域的用地需求是确定的，实际建设中的优先次序与发展政策、发展思路有关。是优先发展生活区，还是优先发展工业区，与宏观经济战略、政策、社会环境有关，也是不确定的。

8.4.2　外部驱动力量和外部驱动力量的组合

围绕以上三个关键不确定因素，从经济、社会、技术等各个层面，分析影响这些因素的外部驱动力量。外部驱动力量决定关键因素的未来状态（van der Heijden，2005)。本实例归纳了四个类别的驱动力量，如表 8 - 4 所示。

表 8 - 4

关键不确定因素	外部驱动力量	通向未来状态的措施
环境	生态敏感区	E1 生态底线，仅保留必要的生态敏感区；E2 生态优先，最大可能地保护生态敏感区；E3 生态保护，适当保护生态敏感区
	城市扩张	F1 不控制城市形态；F2 城市形态严格控制
资源	农田保护	A1 不保护农田，农田可自由转化建设用地；A2 保护农田，限制农田转化为建设用地
经济	优先发展	I1 工业区选址优先；I2 生活区选址优先；I3 工业区生活区选址并重

每一个驱动力量对应多个潜在可能状态，每一个潜在可能状态对应不同的实施措施。由于每一种驱动力量至少有两、三种可能的状态，这样可能至少有几十种以上的驱动力量组合。情景归纳是在这些众多驱动力量组合之中，选择若干最有可能出现的未来状态。每一个组合对应一个未来发展的情景。这些情景是未来土地使用最有可能出现的几种布局。

在情景规划中，许多人认为理想的情景数量是三个，“一个不出意料的观点(官方观点)，以及另外两个着眼于对不确定性判断的观点”(Wack，1985)，也有认为“情景的数量可以是两个、三个甚至四个，经验证，四个以上的情景不符合实际要求。”(van der Heijden，2005)在城市规划的应用中，多采用三个情景，如休斯敦交通规划的实例使用了三个情景(Zagras et al.，2004)。在实际应用中，情景数量并没有固定的限制。在本实例中，归纳选取了四种驱动力量组合，进一步发展为四个情景。

8.4.3 情景一

情景一是“延续现有趋势模式”，假定相关外部驱动力量状态都维持现有的趋势演进，将会导致的未来土地使用布局。一方面，当前已经认识到环境和生态保护的重要性，青华海的退耕还湖项目等措施已经实施；另一方面，现有严格保护农田的政策不会变化；此外，由于目前的情况下，土地开发中工业区、生活区建设选址的优先度同等重要，这一趋势也将延续。具体对应的措施包括以下四种：

(1) 措施“生态保护”：“生态保护”措施是对坝区内的各个生态敏感区执行适度保护措施。其内容包括：禁止对区内的山体进行开发；禁止对海拔 1643 米以下的坝区湿地进行开发。限制青华海沿岸 500 米内的开发，但是不限制其他各个湖泊以及东河沿岸的开发。

(2) 措施“不控制城市形态”：不限制规划区内建设用地的扩张和蔓延的方向。

(3) 措施“保护农田”：禁止占用高速公路以东的农田进行工业区建设。这一措施是坝区特殊的地理条件决定。由于现有生活区周边相当大的范围都是农田。在建设用地总需求量一定的前提下，生活区不可能不占用农田。工业区开发可以远离现有建成区，完全有条件避开农田集中区域。为此，农田保护措施仅对工业区开发控制。

(4) 措施“工业生活并重”：在开发优先度上，工业区、生活区同等重要，不侧重任何一方。

8.4.4　情景二

情景二是“粗放发展模式”，假定当地参照我国东部沿海发达地区曾经发生过的粗放发展模式演进。相关外部驱动力量的状态包括：对环境关注程度不高，未来对生态敏感区执行最低限度的保护，而且城市发展延续粗放发展模式也不变。在未来建设用地需求总量不变的前提下，不实施农田保护措施。此外，在城市化、工业化的进程中也重复东部发达地区的历程，以单纯追求 GDP 增长为目的，落实在政策上就是优先发展工业区。具体对应的措施包括以下四种：

（1）措施“生态底线”：“生态底线”措施是对规划区内的各个生态敏感区执行低限度的保护措施。包括：禁止对规划区内的山体进行开发；禁止对海拔 1 643 m 以下的坝区湿地进行开发。

（2）措施“不控制城市形态”：不限制规划区内建设用地的扩张和蔓延的方向。

（3）措施“不保护农田”：不限制工业区建设、生活区建设占用农田。

（4）措施“工业区优先”：在土地开发中不同建设用地开发的优先度上，优先考虑工业区开发。

8.4.5 情景三

情景三是“修正后的粗放发展模式”，是情景二的子模式。在情景二的基础上，认为当前的土地政策不可能进行调整，必须执行特定农田保护措施，情景二其余的外部驱动力量的状态不变。具体对应的措施中，措施“生态底线”、措施“不控制城市形态”和措施“工业区优先”与情景二相同，另增加措施“保护农田”，禁止占用高速公路以东的农田开发工业区。

8.4.6 情景四

情景四是“严格控制模式”，相关的外部驱动力量状态包括高度关注环境和生态，对城市扩张、资源利用、生态敏感区的保护都有较高的要求，以创造宜居的人居环境为目标。为此会采取若干严格控制措施，即要求城市开发在现有城市的相邻地区进行开发；保护开放空间和生态敏感区，对生态敏感区执行高限度的保护；保护农田资源；要改变城市用地增长的粗放发展，控制城市蔓延；在土地开发中不同用地开发的选址优先度上，优先考虑生活区。“严格控制模式”的对应具体措施为：

（1）措施“生态优先”：对规划区内的各个生态敏感区执行较高限度的保护措施。包括：禁止对规划区内的山体进行开发；禁止对海拔 1 645 m

以下的坝区底部地区进行开发；禁止所有高原湖泊沿岸 500 m 内的开发。

(2) 措施“严格控制城市形态”：限制规划区内建设用地的扩张的方向。新建生活区必须采用“同心圆发展模式”，即在现有生活区周边 1 500 m 之内，或者新建生活区采用“沿路发展模式”，即在现有公路两侧 800 m 内。由于本实例中现状无成片工业区，为此不对工业用地的增长做类似限制。

(3) 措施“保护农田”：禁止占用高速公路以东的农田进行工业区开发。

(4) 措施“生活区优先”：在土地开发中的优先度上，采取生活区优先的政策，优先布局和开发生活区，尽可能将宜居地域分配给生活区。

以上四个情景及其对应的相应措施如表 8－5 所示。

表 8－5

措施类型	生态敏感区保护			城市扩张控制		农田保护		优先开发		
措施及代码	生态底线	生态优先	生态保护	不控制城市形态	严格控制城市形态	不保护农田	保护农田	工业区优先	生活区优先	工业生活并重
	E1	**E2**	**E3**	**F1**	**F2**	**A1**	**A2**	**I1**	**I2**	**I3**
情景一			√	√			√			√
情景二	√			√		√		√		
情景三	√			√			√	√		
情景四		√			√		√		√	

8.5　情景模拟

情景模拟是实施情景规划的重要步骤，也是城市规划中应用情景规划方法的难点，其中的原因是常规的方法不能处理空间问题。本实例采用了 LUPS 支持情景模拟。在用地评价基础上，分别使用开发约束子模型、用地分配子模型产生四个不同情景下的未来土地使用布局。其中，使用将生态敏感区保护、城市扩张控制、农田保护三类措施转化为约束规则，使用开发约束子模型进行模拟。将优先开发类措施转化为分配规则，使用用地分配子模型进行模拟。

LUPS 在情景模拟中的作用及应用过程见图 8－11。LUPS 在情景模拟中的详细运行过程和相关程序流程、程序源代码见附录 B.2 和 B.3 节。

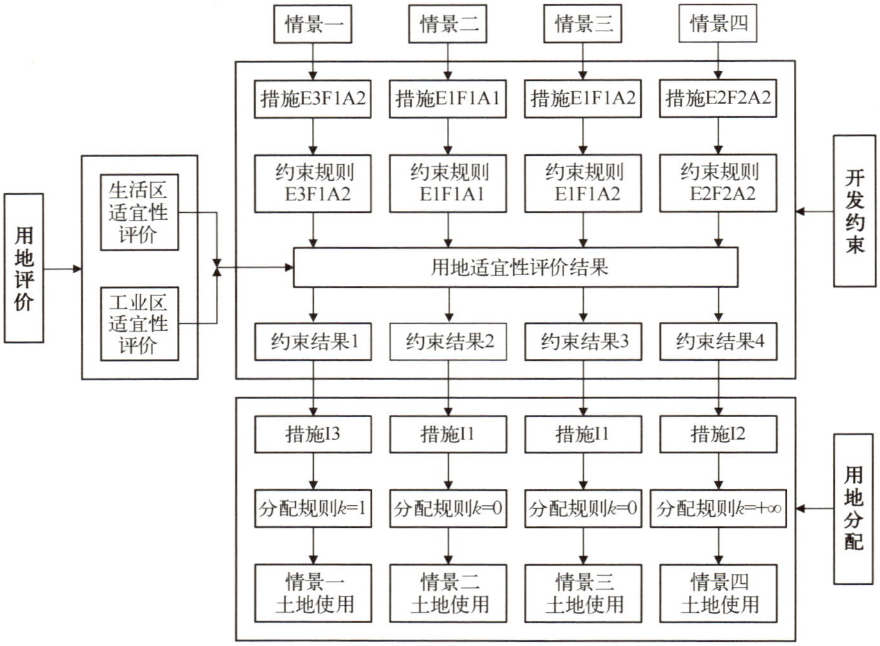

图 8－11　情景模拟的过程

8.5.1　生态敏感区保护措施的模拟

生态敏感区保护措施就是一种特定的“禁止建设用地管制政策”，使用 LUPS 的开发约束子模型模拟。先生成开发约束图层，随后使用 Clip 叠合(第 5.4.1 节)生成三个措施的对应约束结果图层(图层 R_M_E1、R_M_E2、R_M_E3)。这三个图层已经剔除了不能建设的生态敏感区保护范围(图 8－12)。

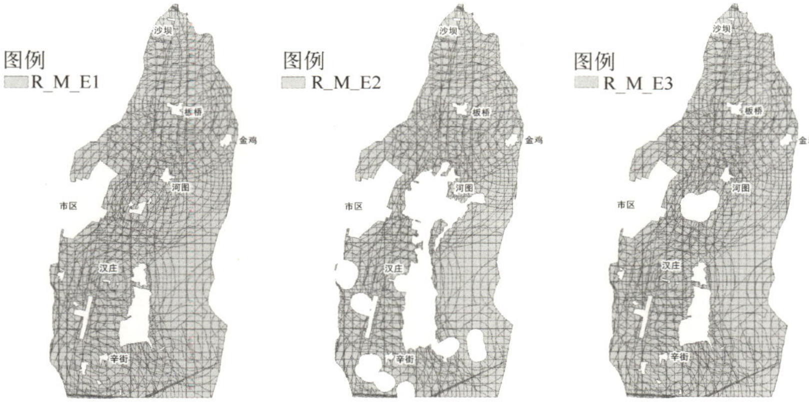

图 8－12　措施 E1E2E3 的约束结果(图层 R_M_E1、R_M_E2、R_M_E3)

8.5.2　城市扩张控制措施的模拟

城市扩张控制措施属于"城市形态管制政策"，也使用开发约束子模型模拟。由于城市扩张控制措施仅用于生活区，所以不采用 Clip 叠合方法生成，而使用 Identify 叠合(第 5.4.2 节)生成。得到的约束结果图层中用属性字段 R_growth 用以表示该地块是否在城市形态控制区内，其中 1 表示在控制区内，0 表示不在控制区内(图 8－13)。

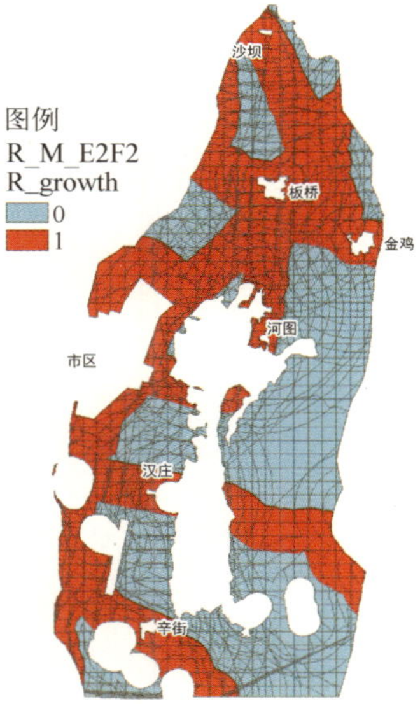

图 8－13　措施 F2 的约束结果(图层 RM_E2F2)

8.5.3　农田保护措施的模拟

农田保护措施属于"禁止建设用地管制政策"，使用开发约束子模型模拟。由于农田保护措施仅仅针对工业区，所以也不能采用 Clip 叠合方法生成，而使用 Identify 叠合(第 5.4.2 节)。得到的约束结果图层中用属性字段 farm 表示该地块是否在特定的农田范围区内，Yes——在农田区内，No——不在农田区内(图 8-14)。

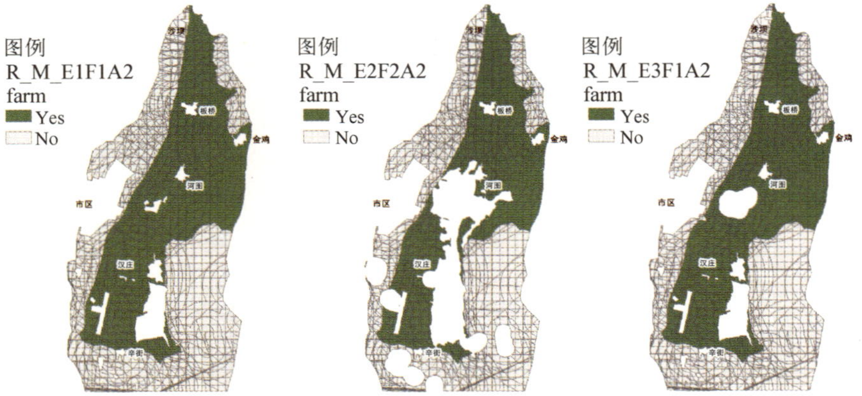

图 8-14 措施 A2 的约束结果(图层 RM_E1F1A2、RM_E2F2A2、RM_E3F1A2)

8.5.4 优先开发措施的模拟

优先开发措施模拟使用用地分配子模型进行。确定双重目标是:

目标 X:“获取 22.5 km^2最适宜的生活区”

目标 Y:“获取 15 km^2最适宜的工业区”

不同措施 I1,I2,I3 采用双重目标之间的权重关系表示,由权重决定决策平面上斜线的斜率 k。其中:

措施 I1“工业区优先”: $wx = 0, wy = 1.0$,对应 $k = 0$

措施 I2“生活区优先”: $wx = 1.0, wy = 0$,对应 $k = +\infty$

措施 I3“工业生活并重”: $wx = 0.5, wy = 0.5$,对应 $k = 1$

用地分配过程按第 6.4 节提出的方法,使用 VBA 对 ArcObjects 进行开发编程实现。有关用地分配具体过程与运行过程、相关程序代码详见附录 B.3 节。

具体分配时,情景一使用分配规则 $k = 1$;情景二和情景三使用分配规则 $k = 0$;情景四使用分配规则 $k = +\infty$。在分配后,对每一个情景的输出结果按用地性质进行合并，得到四个未来“土地使用情景”，相当于用地布局的初步方案（图 8－15）。

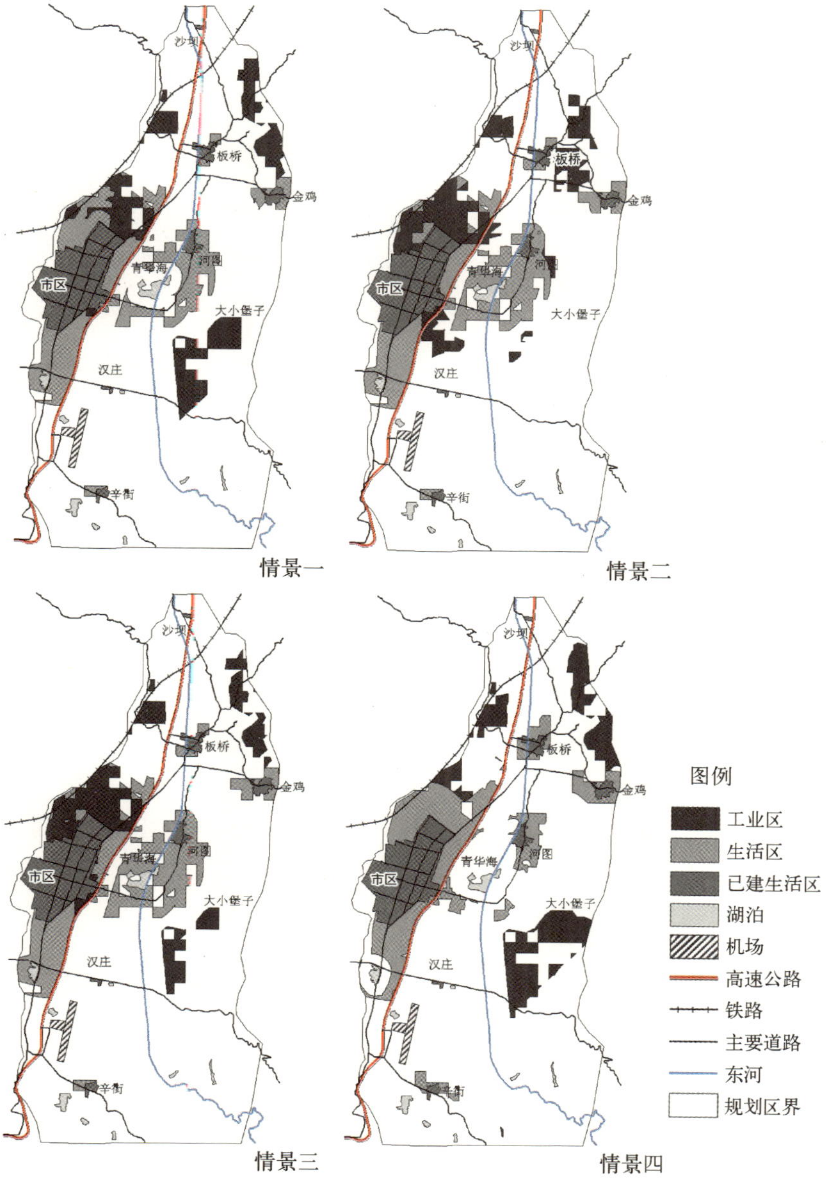

图 8－15　四个不同的未来土地使用情景

8.5.5 四个未来"土地使用情景"

从模拟的结果看，情景一"延续现有趋势模式"，规划区内将出现生活区相对集中、工业区相对分散的格局。其中生活区出现"两主两辅"格局。生活区主体会布局在高速公路以西、现有市区周边南北两侧；以向南发展为主，发展至大海子地区，向北略有发展。在高速公路以东，沿市区至河图的沿线，将呈现生活区环青华海、沿公路的连片布局，环青华海地区将有较大的发展。板桥、金鸡两镇的生活区也略有发展。工业区将会出现四片较为均匀的格局。其中，现有市区以北发展为工业区。由于措施 E2 限制了工业区占用高速公路以东的农田，市区以外的工业区会形成板桥西、金鸡北、大小堡子地区三个区域的布局。四个工业区的面积基本相当。

情景二"粗放发展模式"，规划区内将出现建设用地集中发展的格局，出现市区、板桥—金鸡两大片建设用地。其中，市区向南发展生活区，延伸到大海子地区。市区向北发展工业区。市区北部工业区比情景一有较大的拓展，但是也会出现部分工业区与生活区相间布局的格局。此外，市区的建设用地将整体跨越高速公路，青华海将为生活区所包围，河图和市区连成一体。相比情景一，板桥—金鸡地区会有较大的发展，但是在布局上会出现由西向东，工业区和生活区相间布局的格局。除了两大片区之外，高速公路以东会出现若干零星工业区。但是大小堡子地区的丘陵地带不会出现工业区。

情景三"修正后的粗放发展模式"是在情景二的基础上实施了农田保护措施。与情景二相比，市区仍然连片发展，土地使用格局基本不变。但是板桥—金鸡地区连续发展的布局将不复存在。市区以外出现板桥西、金鸡北、大小堡子地区三片工业区，但是规模均比情景一的模式要小。

情景四"严格控制模式"对农田保护、城市扩张都做了控制。未来生活区的主体将集中在高速公路以西、现有市区周边。市区的生活区将向南、向北发展。其中向南发展至大海子周边。与情景一、二、三相比，生活区向北有相当大的扩展。高速公路以东的环青华海地区不再连片发展，会出现生活区围绕青华海呈若干组团的格局。板桥、金鸡两镇的生活区也将得到一定发展。与情景一类似，工业区会出现市区、板桥西、金鸡北、大小堡子地区四片格局，但是市区北部的工业区规模大大缩小，而规划区东南部的大小堡子地区将会成为最主要的工业区。

按一般对土地使用规划布局的评判标准，情景二的用地布局有较多生活区、工业区混杂，存在相互干扰的问题，不符合一般原则，而且从现有趋势推测，当前的土地政策未来进行调整可能性极小。因此，情景二的发展模式是不妥的，是需要避免的。其他三个情景下的未来三种用地布局都没有明显的缺陷，都基本符合一般规划原则。为此，本章以下不再使用常规性比较方法，进而采用定量分析方法进行评价。

8.6　情景评价

8.6.1　四个土地使用情景的叠合

对多个土地使用进行叠合。叠合之后，多个情景下完全一致的用地，说明不同状态外部驱动力量变化对其影响较小，其布局可靠性较高；反之，不同状态的外部驱动力量变化对其布局影响较大(Geneletti，2004)。

将四个未来土地使用情景(用地布局)进行Union叠合，比较四个不同土地使用情景的异同。叠合结果如图8-16所示。对叠合之后图层进行分类汇总。四个不同的情景，新增生活区布局的完全一致区域有12.22平方公里，占生活区总需求的54.3%，工业区布局完全一致的仅有2.74平方公里，占工业区总需求的18.2%。从这些一致用地的空间分布来看，一致的生活区集中位于现有市区的南部和东部，而一致的工业区则非常分散。尽管四个情景的各自驱动力量的状态有很大不同，但是不同情景对工业区布局的影响要远大于对生活区布局的影响。市区的生活区向南发展的可靠性较高，而工业区的布局受不同外部不确定因素的影响较大。

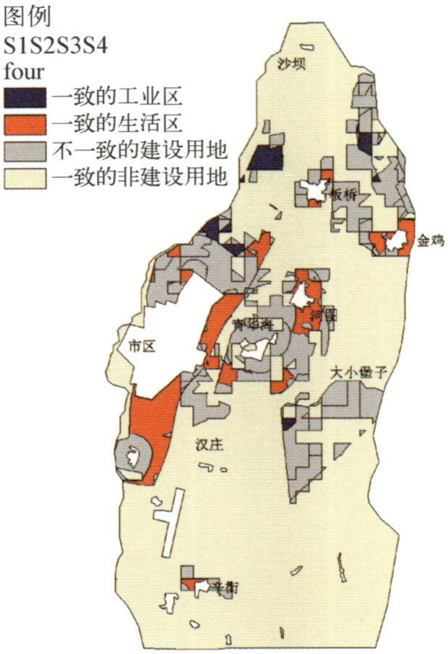

图 8-16　四个不同情景下的土地使用图层的叠合比较

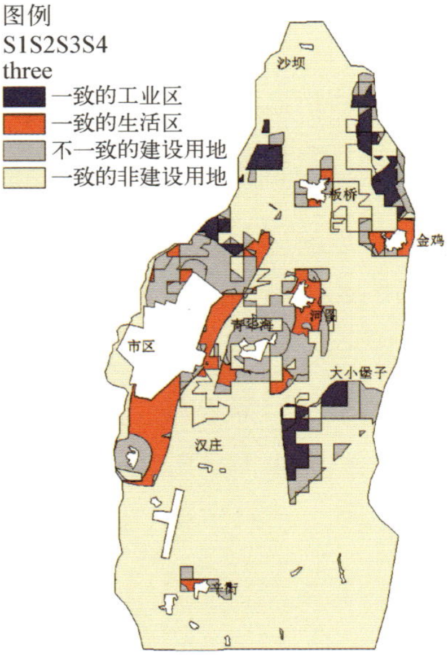

图 8-17　情景一、三、四的土地使用图层的叠合比较

由于土地政策的因素，情景二出现的概率非常之小，可以剔除情景二，仅仅将情景一、三、四进行叠合分析，比较三个不同情景下土地使用的异同。叠合结果如图 8-17 所示。这三个情景叠合下，生活区的完全一致有 12.36 平方公里，占生活区总需求的 54.9%，工业区布局完全一致的有 8.27 平方公里，占工业区总需求的 55.1%。对这三个情景的比较，布局一致生活区并没有显著变化，而布局一致的工业区有较大的上升。显然，这些一致的工业区布局仍比较分散，在市区以北、板桥西、金鸡北、大小堡子四个工业区都有分布，而且相互之间面积相当。通过这三个情景的叠合比较，可以认为未来规划区四大工业区格局不可避免。当前，集中发展大小

堡子地区的工业区是保山当地讨论较多的议题。对多个情景分析表明，如果不实施特殊的控制措施（如情景四），工业区很难集中在大小堡子地区发展。

叠合分析的结果显示，在目前情况下，采取市区的生活区向南发展，工业区在市区的北侧适当发展是比较稳妥的对策。

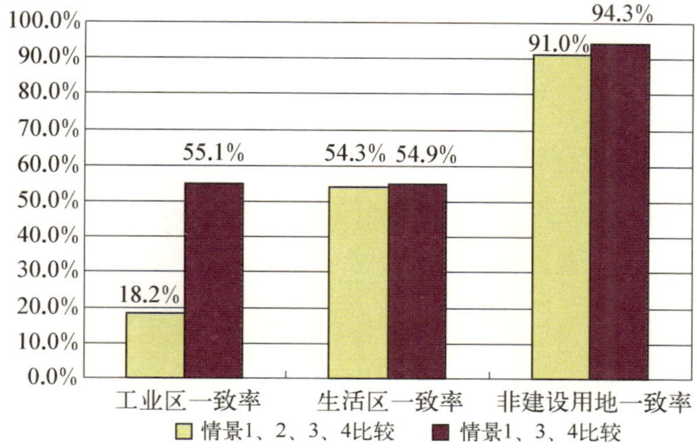

图 8-18　四个情景之间的用地一致性比较

8.6.2　目标达成矩阵法

1. 目标达成矩阵法概述

目标达成矩阵法（Goals Achievement Matrix，GAM）是一种评价规划是否符合预定目标的定量分析方法，最早由 Hill 在 1960 年代提出。其方法是将规划评判原则具体化为 z 个规划目标（o_1，o_2，o_3，…，o_z）。对于每一个目标，先计算规划方案与预定目标之间的冲突率，计算公式为：

$$CMA = \frac{A \cap B}{A} \tag{8-1}$$

式中，CMA 是冲突率，A 是规划，B 是预定目标，$A \cap B$ 表示规划和目标的冲突范围。随后，计算每一目标的有效指数 Ei、有效指数之和 Ei_s，计算公式为：

$$Ei = \frac{w_o \times CMA_{o,s}}{100} \tag{8-2}$$

$$Ei_s = \sum_{o=1}^{z} Ei_{o,s} \tag{8-3}$$

式中，Ei 为有效指数，w_o是第 o 个目标的权重。$CMA_{0,s}$是第 s 个方案在第 o 个目标下的冲突率，z 是目标总数。Ei_s是第 s 个方案的有效指数之和，判断方案 s 与预定目标的综合符合程度。

2. 评价土地使用情景的 GAM 方法

常规的 GAM 方法不能用于空间问题，可以借助 GIS 技术与常规的 GAM 方法结合，实现评价土地使用情景(Pettit，2002)。首先将规划评判原则具体化为若干评价目标，随后将每一目标用规划目标专题图层表示，划出不符合目标要求的土地使用范围。将用地布局方案(土地使用情景)与规划目标专题图层叠合(Overlay)，计算两者的冲突范围和冲突率 CMA(图 8－19)，随后使用公式 8－2 与公式 8－3，计算出有效指数，实现对每一个土地使用情景的评价。

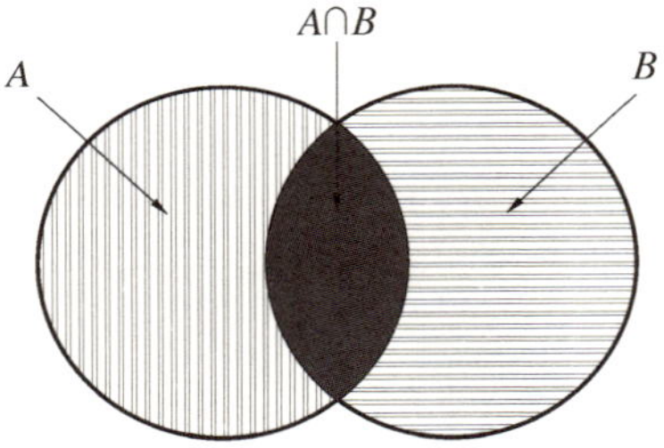

图 8－19　规划方案与目标的冲突范围(A：土地使用情景，B：规划目标专题图)

8.6.3　使用基于 GIS 的目标达成矩阵法评价四个土地使用情景

1. 评价的目的

本实例研究用地布局，目的是寻求规划区未来可持续发展的土地使用模式和城市形态。到底什么是可持续发展的城市形态，有许多不同的论述(詹克斯等，2004)。在此处采用 Yosef(2006)提出的可持续发展的城市形态衡量指标。Yosef 提出了 7 个衡量指标。其中，可以直接定量化，用于的指标有：紧凑度(Compactness)、邻近性和连续性(Contiguity and

Connectivity）。这些指标要求土地开发在现有城市相邻地区进行开发，保护开放空间和生态敏感区。

2. 评价目标的细化

本实例以下采用目标达成矩阵法对四个情景做进一步评价，通过对比这四个情景的土地使用规划布局与预定目标之间的差异程度，评价这些土地使用情景在多大程度上实现了预定可持续发展的目标。可持续发展的城市形态的目标具体细化为以下三个具体目标：

目标一：紧凑的建设用地布局

目标二：保护农田资源

目标三：保护生态敏感区

尽管在上述情景中已经制定了通向这些目标的措施，但是目标与措施是不同的。目标是可持续发展城市形态的理想状态，措施是对应某一特定情景中的相关驱动力的状态，是通向目标的途径。措施会受到多种因素制约，是否能达到目标，需要进行评价。

即便在情景四“严格控制”中，采取了多种严格的措施，但是仍不能确保实现以上目标。例如，措施 F2 对生活区的紧凑度进行了控制，随之带来的工业区布局则有可能违背紧凑发展的要求，从而影响目标一的实现。措施 A2 限制了工业区不占用高速公路以东的农田，但是并没有限制生活区占用高速公路以东的农田，也会影响目标二的实现。另外，各措施之间可能相互制约，也有可能影响到预定目标实现。因此，需要根据三个目标对四个情景进行评价。

以上三个定性描述的目标需要量化，进一步可表达为 GIS 图层。

目标一——“紧凑的建设用地布局”要求新增建设用地尽可能集中发展，“措施 F2”对生活区开发进行了控制，未对所有建设用地提出类似要求。目标一的要求是所有新建的建设用地尽可能集中原有市区已有建设用地周边 2 km 内，其他城镇周边 1 km 的范围内。目标一可以具体化为图层 Objective1，由土地使用图层 Landuse 产生。

目标二——“保护农田资源”要求新增建设用地尽可能少占农田。同样，“措施 A2”仅仅对新工业区开发占用优质农田做了限制。目标二要求所有新增建设用地尽可能不占用高速公路以东的农田。目标二可以具体化为图层 Objective2，由坡度图层 Slope 产生。

目标三——“保护生态敏感区”要求新增建设用地尽可能远离生态敏感区，同样，“措施 E1、E3”对此有了一些限制。目标三要求所有新增建设用地尽可能不在措施 E2 的控制区及其周边 1 km 的范围内（不包括山地），目标三可以具体化为图层 Objective3，由措施 E2 的限制范围图层 E2 产生。

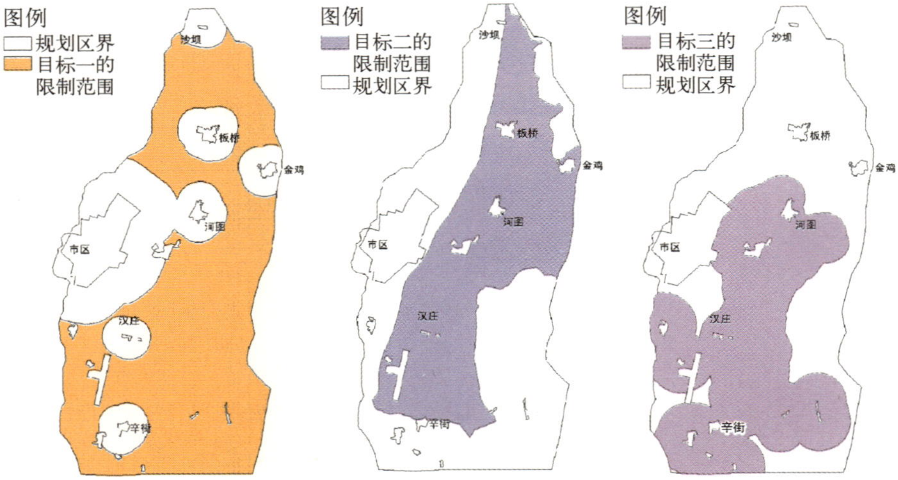

图 8－20　三个目标的限制图层

3. 计算每一个情景的冲突范围

冲突范围指每一情景的用地布局与以上三个目标图层之间有冲突的部分，根据冲突范围使用公式 8－1 计算冲突率。其中，A 是四个情景的土地使用规划布局，B 是三个目标空间图层。计算冲突范围和冲突率的过程见图 8－21 所示。

4. 综合评价

目标达成矩阵法使用有效指数 Ei 和有效指数之和 Ei_s 判断规划多大

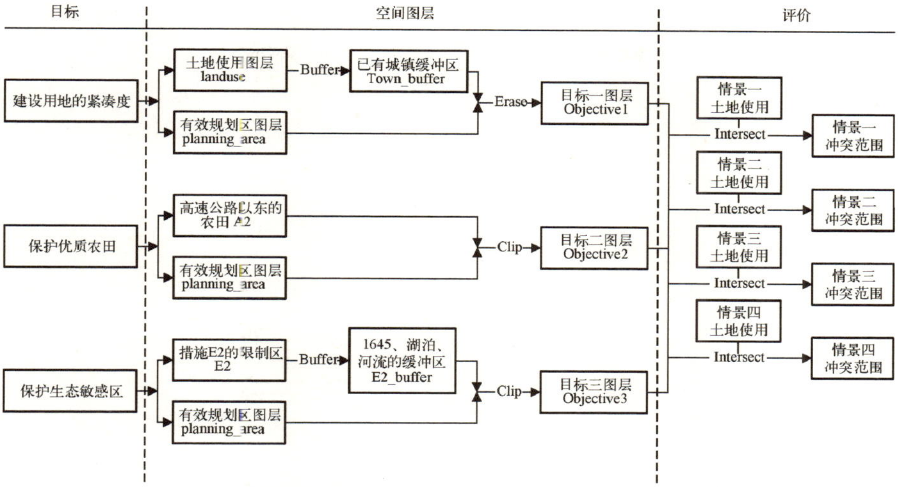

图 8－21　冲突范围和冲突率的计算过程

程度上符合预定目标。四个情景土地使用的冲突率指标见表 8－6。

表 8－6　四个土地使用情景的 GAM 评价结果

		冲突的生活区面积 km²	冲突的工业区面积 km²	生活区冲突率 %	工业区冲突率 %	平均冲突率%	*Ei* 值
情景1	目标一 O1	5.292	10.849	23.5	72.3	47.9	0.48
	目标二 O2	9.418	0.000	41.9	0.0	20.9	0.21
	目标三 O3	14.483	2.875	64.4	19.2	41.8	0.42
	合　计			129.7	91.5	110.6	**1.11**
情景2	目标一 O1	6.729	4.460	29.9	29.7	29.8	0.30
	目标二 O2	12.193	5.869	54.2	39.1	46.7	0.47
	目标三 O3	16.684	2.470	74.2	16.5	45.3	0.45
	合　计			158.2	85.3	121.8	**1.22**
情景3	目标一 O1	6.599	7.470	29.3	49.8	39.6	0.40
	目标二 O2	12.694	0.000	56.4	0.0	28.2	0.28
	目标三 O3	17.041	2.608	75.7	17.4	46.6	0.47
	合　计			161.5	67.2	114.3	**1.14**

续 表

		冲突的生活区面积 km^2	冲突的工业区面积 km^2	生活区冲突率 %	工业区冲突率 %	平均冲突率%	Ei 值
情景4	目标一 O1	2.090	13.951	9.3	93.0	51.1	0.51
	目标二 O2	7.584	0.000	33.7	0.0	16.9	0.17
	目标三 O3	10.073	2.234	44.8	14.9	29.8	0.30
	合 计			87.8	107.9	97.8	**0.98**

使用公式 8－2 与公式 8－3 计算，在本例中认为三个目标的权重相等，同等重要，所以 $w_1 = w_2 = w_3 = 1$。在本实例中目标数 $z = 3$。

定量评价结果显示，情景四有效指标 Ei 值(0.98)最低，是最符合三个目标的情景。情景一优于情景三，但是两者的差距较小，而情景二的 Ei 值最高(1.22)是最不符合预定目标的情景。情景四的用地布局是最接近可持续发展的城市形态的布局。情景二不仅不符合当前的土地政策，也最不符合可持续发展要求。虽然情景一和情景三各自的背景、驱动力量的状态有较大的不同，布局上也有显著的差异，但是在可持续发展目标的绩效评价上，两者比较接近。根据常规经验，定性判断也能够确认情景四最符合目标，而情景二最差。对于情景一和情景三孰优孰劣是常规定性方法无法判断的，而这两个情景实际上是最有可能出现的未来趋势。

8.6.4 方案选择

对比可持续发展的目标，实施措施 A2、F2、I2、E2，实现情景四的布局，无疑是最佳选择，但当前直接实施 A2、F2、I2、E2 有一定难度。在当前面临诸多不确定因素的条件下，采用延续现有的趋势(情景一)，实施措施 A2、F1、I3、E3，也是较好的抉择(Ei_s值为 1.11)。反映在用地布局上，在规划近期内将生活区集中在高速公路以西的市区南北两侧发展，工业区在大小堡子地区、板桥西、金鸡北三片区内集中布局。视未来外部不确定性的演变，再决定是否实现情景四的布局，或是延续情景一的布局。这样，当前的规划决策可以更加有效地应对未来的变化，有利于实现可持续发展的用地布局。

8.7　本章小结

情景规划本是一种源于企业战略领域的规划方法。对未来不确定性的认识和研究一直是城市规划重要工作。对于规划专业人员，接受和理解情景规划思路和工作方式并不难。在城市总体规划中应用情景规划的方法，主要的技术难点在于缺乏相应的支持技术。土地使用是总体规划的核心。这要求支持情景规划方法的定量分析技术，必须能够支持土地使用空间布局和土地使用演变的研究。这也是与商业领域、军事领域中的情景规划相比，土地使用规划中的情景规划应用最为主要的特点和区别点（Xiang and Clarke，2003）。本书提出的 LUPS 能够有效地支持城市总体规划中情景规划方法，是一种有效的支持情景规划方法的工具。

在城市总体规划中，适合企业发展的情景规划方法可以参考，但不能简单套用。本书工作没有直接使用企业发展战略中的情景规划方法，而是部分借用情景规划方法用于生成方案，引入目标达成矩阵法，增加对情景本身的评估，为方案选择提供依据。由此，本章提出了一种四阶段工作方法。在 LUPS 支持下，这种四阶段的工作方法可以作为城市总体规划中具有一定通用性的、产生和评价土地使用规划布局的方法，以增强规划方案的透明度为前提，提高规划编制工作效率与编制过程的可参与性。其中，LUPS 的三个子模型在用地评价、情景模拟中起到了关键性作用。

本方法依托 LUPS，借用情景规划方法生成总体规划的用地布局方案，一方面将当前必须实施的措施与未来用地布局直接对应;另一方面提高了规划方案对于未来不确定因素的适应性,也有利于多专业人员、行政领导的理性参与。进一步引入目标达成矩阵法,用于定量化评价用地布局方案,可提高规划方案的透明度,降低方案评价的主观性。本书提出的四阶段工作方法可以使总体规划的用地布局方案更好地应对未来的多种不确定性,使得决策能建立在比较可靠、坚实的基础上。

第9章 总结和讨论

9.1 总　　结

9.1.1 研究内容的总结

基于西方学者提出的“规划支持系统”理论，立足我国现有的规划体系和规划实践，本书构筑了一个适用于城市总体规划阶段的土地使用规划支持系统——LUPS的总体框架。LUPS采用基于规则的建模方法，系统的框架由用地评价子模型、开发约束子模型、用地分配子模型组成。使用评价准则反映影响用地适宜性的因素；使用约束规则、分配规则来模拟影响土地使用的土地开发政策。采用基于GIS的多准则决策和多目标决策为核心技术，提出了这一框架的技术实现途径，并以ArcGIS为软件平台，使用VBA和ArcObjects进行二次开发实现。

LUPS基于土地开发政策，产生不同政策下的土地使用规划布局，进而在城市规划区内划定禁建区、限建区、生活适建区、工业适建区。在本书中，使用LUPS进行了广饶县城市总体规划中土地开发政策的评价，并结合使用情景规划的方法，进行了保山市城市总体规划中的用地布局研究。实例研究表明，LUPS在总体规划阶段，能够定量化地模拟不同政策、措施的实施所导致的土地使用变化，从而达到辅助城市总体规划编制和相应政策评价的目的。

目前 LUPS 所研究的实例均属于中小城市。对于较大城市的总体规划，由于其涉及因素会更加复杂，因此目前 LUPS 及其工作方法是否适用于较为复杂的大城市总体规划中的应用，还需要进一步在实验中进行检验。

与第 1.2.1 节中研究目标进行比较，本书的 LUPS 实现了以下四个功能：

（1）政策和用地布局建立了联系。传统的用地布局方法着眼于土地使用规划布局的本身，提出了土地使用规划布局方案，再回头来解释该布局方案和土地开发政策是什么关系。LUPS 根据可能实施的政策，把政策变为土地使用规划布局中的主导规则，产生初步的用地布局方案。这样，规划专业人员就容易向决策者解释政策和布局之间的关系，易于决策者理解。如果决策者要调整政策，使用 LUPS 可以较为快速地产生符合新政策的用地布局方案，提高编制规划的效率，提高政策和布局之间的关联度、透明度。

（2）为多方参与规划提供了工具、技术平台。城市总体规划需要多方参与，提出了规划方案，将图件、文本征求各方意见，再根据所提意见修改规划，不但周期长，而且透明度差。规划成果图、文本看似简单，非专业人员不容易理解；即便是专题报告，也不易为非专业人员领会。规划中的不同利益、不同价值观难以在规划中得以反映，也就限制了规划编制过程的多方参与。LUPS 采用政策体现不同的价值观、不同的利益，将用地布局和政策间建立起联系，一方面易于非专业人员理解规划；另一方面借助不同政策，使得规划参与各方的不同利益、不同价值观得以反映。LUPS 就可以成为支持多方参与规划的有效工具、技术平台。

（3）结合使用情景规划的工作方法，在 LUPS 的支持下，本书产生了一种在城市总体规划中编制土地使用规划的通用方法，改变了传统的依赖规划专业人员的经验、素质产生“蓝图式”用地布局的方法。这一方法能够在面对未知、不确定的未来时做出更加坚实可靠的规划决策，提高土地使用规划方案的适用性，提高编制过程的可参与性、规划决策的可靠性。

(4) 为《城乡规划法》和《城市规划编制办法》新增的总体规划工作内容提供了支持实现方法和工具：第一，新《城市规划编制办法》以及新《城乡规划法》对城市总体规划提出了空间管制分区，划定禁建区、限建区、适建区和已建区，确定中心城区空间增长边界的新工作内容。虽然有了立法，但是没有对如何实现这些要求进行过系统的研究，至今尚没有一种完整、系统的空间管制分区方法。本书的 LUPS 提出了一种工作方法及其支持技术，为这些新增工作内容提供支持。实例研究表明，在中小城市总体规划中，将 LUPS 用于空间管制分区初步划分是可行的。第二，新版《城市规划编制办法》中提出了“先底后图” 思路(杨保军、闵希莹，2006)。如何实现在编制办法中贯彻这一思路，也没有提出具体的方法。LUPS 基于土地开发政策，在用地评价的基础上，采用约束规则，在开发约束子模型中优先考虑非建设用地中的禁止建设用地，再使用用地分配子模型分配建设用地。LUPS 提出的工作流程也为贯彻《城市规划编制办法》“先底后图”的思路提供了一种实现途径。

9.1.2　研究的特点

LUPS 与国外已有的类似系统相比，特点在于：

(1) 基于西方学者提出的“规划支持系统”的思想，立足我国现有的规划体系和规划实践。系统适应城市总体规划编制实际情况。在系统输入数据要求上，不增加现有总体规划现状调查的内容深度要求；所制定评价准则和约束规则适应中国经济发展特点和管理体制。

(2) 在多种土地用途分配上，提出了适用于两种建设用地不同优先度竞争的分配规则，可进一步模拟不同土地用途的优先发展政策。与国外已有的类似系统所采用固定分配次序的方法相比，向实用化迈进了一步。

(3) 在技术方法上，提出了一种新的结合 GIS 的双重目标多准则决策方法，适用于有关土地适宜性研究。本书在国外相关研究基础上进行了改进，克服了线性整数规划方法不适用于处理多目标的土地适宜性评价的问题；与采用遗传算法、目标规划等方法相比，由于采用了较为简单的数学方法，易于推广使用。在实例研究中，这一方法已经得到了初步验证。

9.2 讨　论

9.2.1 关于应用领域的讨论

规划支持系统产生与城市规划体系、决策机制有密不可分的关系。国内的城市规划决策机制尚不健全，也没有有效机制保障规划编制和决策的公开化、保障公众能够参与、影响规划决策。如果没有"多方参与规划"机制的条件，那么支持"多方参与规划"的技术，似乎就是无源之水，无本之木。类似于西方"交流规划"(communicative planning)，"协作规划"(collaborative planning)的多方参与，并不是本书所针对的应用模式。本书讨论的 LUPS，在应用领域上与国外的类似系统还是有所区别。

LUPS 的第一类应用领域是在城市规划编制的过程中，提供专业技术人员之间，或者与其他部门的专业技术人员之间，支持规划方案的比较。在当前总体规划编制中，缺少对用地布局方案进行比较、评估的有效手段。规划编制过程中，也需要多专业、多个规划机构，不同知识背景专业人士的相互交流、妥协。LUPS 可以在其中发挥作用。

LUPS 的第二类应用领域是作为"规划师—决策者"之间的沟通工具。目前的规划编制过程，规划的决定人是行政领导，也可能是开发商，重大规划当地人大也是要讨论的，但基本上可以用“行政领导决定规划”这个词来代替决策。目前的规划编制技术、方法，并没有使决策者（行政领导）参与到规划过程中。决策者（行政领导）听取规划成果汇报，根据自己的判断进行决策，决策者本身无法参与到规划过程中。每一个规划师都知道不反映决策者价值观的规划，注定会被决策者否定；但是全盘贯彻“领导思路”的规划，往往可能是规划师“违心”的规划，最终有可能为实践证明是错误的。借助 LUPS，规划师—决策者之间一定程度上以互动的方式探讨，模拟产生不同政策实施的后果，用可视化方式传达给决策者。这会使得决策者更容易理解规划方案及其对应的政策，促进决策的科学性。另一方面，借助 LUPS 提高了规划的透明度，可以暴露行政领导改变规划的原因、意图，有利于对短期利益决策、片面决策进行必要的监督。虽然，技术方法的改进不能代替体制自身的不足，但是至少能促使“盲目决策”“感情决策”向“理性决策”“透明决策”靠拢，而且为体制的改进创造条件。

9.2.2　有关空间数据模型的讨论

LUPS 的空间数据库采用了矢量空间数据模型，并使用 ESRI 的 Personal Geodatabase 实现。采用矢量空间数据模型，有以下三个优势。

（1）基本用地分析单元采用矢量多边形表达，采用多重属性表示不同评价准则的得分、适宜性评分等。与栅格数据模型相比，大大减少了图层的数量，有利于进行有效的数据管理。

（2）采用矢量数据模型，在生成准则地图时，可以充分发挥矢量数据的网络分析在计算可达性、服务区等方面的优势。

（3）矢量数据模型相对比较适应城市规划工作的习惯。长期以来，规划专业人员已经习惯了使用矢量数据，已有的大量规划图纸、现状数据都以矢量的 dwg 格式存在。使用矢量数据格式更加易于为普通规划师所接受。

使用矢量数据模型也存在问题。叠合分析（Overlay）是 LUPS 中使用最多的空间数据运算。矢量多边形多次叠合会带来众多的破碎多边形。实际应用的经验表明，使用 ESRI 的 Personal Geodatabase 数据格式，如果参与叠合的矢量多边形图层的要素较多，形状比较复杂，叠合会产生难以预料的"多边形重叠"拓扑错误。必须使用手工纠错来修正这些拓扑错误，否则会使得用地分配计算产生严重的误差。相比之下，如果使用栅格数据，叠合计算会简单、快速、准确。

除了矢量模型固有的局限之外，目前使用中的一些问题与目前 ArcGIS 9.2 的 Personal Geodatabase 的数据结构有直接关系。如果下一版本的 Personal Geodatabase 本身能够有所改进，可以改善叠合分析带来拓扑错误的问题。

对比国际上类似的研究，凡是采用基于规则的建模方法建立的系统，大多数都采用了矢量数据模型为基础，例如 CUF、What-if?、CommunityViz 等。但也有使用栅格数据模型，如 UPlan。也有人认为在土地使用规划模型中，采用栅格数据模型优于矢量数据模型，原因是计算速度较快(Johnston et al., 2003)。所以，到底在这一类研究中适宜采用何种空间数据模型，尚值得进一步讨论。

9.2.3 有关用地评价的讨论

1. 非建设用地的适宜性

LUPS 中对于建设用地和非建设用地适宜性评价采取了不同方法。采用基于 MCDA 的评价方法确定两种建设用地的适宜性。对于非建设用地，不进行适宜性评价，而是依据不同土地开发政策转化为特定约束规则，划分禁建区和限建区。

依据环境、生态、土壤、农业等因素也可对非建设用地进行类似的评分。在 LUPS 中没这样做。主要原因是，依靠目前城市总体规划编制阶段所收集的基础资料，不足以进行这样的评价。采用 MCDA 方法对非建设用地进行定量评分，需要收集许多常规总体规划没有涉及的资料，难以在规划编制的方案阶段使用。例如，北京市在总体规划审批通过后，再补做这一工作(龙瀛、何永等，2006)。另一个原因是按照目前土地利用总体规划和城市总体规划两者关系，城市总体规划不涉及基本农田的安排，农用地区划等内容。为此，也难以在城市总体规划编制阶段对非建设用地做详细安排。

2. 与传统用地适宜性评价的关系

LUPS 中并没有系统化地涉及工程地质、地面坡度、水文地质等传统用地评价因素，这并不表示它们不重要。LUPS 中提出的用地评价方法与传统用地适宜性评价不同。两者的工作内容和目的均不同。传统的用地适宜性评价侧重于工程因素及技术经济评价，将用地划分为一类建设用地(适宜建设用地)、二类建设用地(采取工程设施后适宜建设用地)、三类建设用地(不适宜建设用地)。

由于传统的用地方法的相对比较成熟，因此本书中不再侧重于这一方面进一步展开研究。在实际工作中，传统用地评价的方法和 LUPS 可以并用，先进行传统用地评价，再应用 LUPS 的方法，将传统方法得出的三类建设用地直接剔除，仅在一、二类建设用地范围内进行 LUPS 的用地评价。此外，传统适宜性评价中工程地质、地面坡度、水文地质等传统用地评价因素都可以直接纳入 LUPS。其中，导致三类建设用地的因素，诸如地质塌陷区、洪水淹没区、大于 25%地面坡度，都可以作为禁止建设用地管制政策的约束范围，直接划为禁建区。其余导致一类、二类建设用地的因素作为评价准则进入用地评价子模型使用。例如地基承载力、地形坡度等因素都可以作为土地获取类准则使用。

9.2.4　系统的动态模拟

目前的 LUPS 尚不是一个动态的系统。用地评价是建立在对现有(或者已知)的各种因素的基础上。一旦出现某种因素的重大变化,势必影响到用地评价的结果,进而改变用地分配,带来不同的土地使用布局。虽然许多评价准则可能是长久不变的,如环境敏感区、土地获取成本等,但是交通运输、基础设施等几类准则是可能动态变化的。以交通运输类为例,一般道路的建设,不会对用地评价的结果有显著的影响;但是新建高速公路、铁路,可能明显改变用地评价的结果;成规模的道路网络建设,也可能明显改变用地评价的结果。

目前的 LUPS 尚无法动态地应对以上变化,必须按照准则的变化重新进行"用地评价—开发约束—用地分配"顺序运行一次,得到新的土地使用布局。为应对这一问题,可以采用分阶段、分年度多次进行模拟方法解决。以 5 年间隔,根据每一阶段各类评价准则、开发政策可能的变化情况,分阶段模拟未来土地使用变化,可以有效解决这一问题。这种分阶段的方法,也符合现行城市规划编制办法规定,每 5 年编制一次近期建设规划的要求。

9.2.5 新区开发与旧城改建

目前的 LUPS 研究针对城市增长中的新增建设用地的布局,而不是针对已建成区的用地布局调整。城市总体规划中,土地使用的规划布局除了包括新增建设用地的布局,也必须涉及已建成区的用地布局调整。目前的 LUPS 尚不适用于旧区的土地使用规划调整。

在当前的快速城市化的进程中,研究城市用地增长的方向,扩大城市用地面积是每次总体规划调整、修编的主要任务,而旧区的用地布局调整往往居于相对次要的位置。应用实例表明,在当前新区开发占主要地位的情况下,目前的 LUPS 适应总体规划的支持工作。但是对于大城市、特大城市,旧区改建在城市总体布局中的重要性绝不能忽视。随着城市化进程的推进,城市发展会从外延扩张为主,转变为内涵提升为主。如何适用旧区改建中的应用会越来越重要。

目前的 LUPS 所使用的"用地评价—开发约束—用地分配"总体框架也可以适应已建区土地使用布局调整，但是在用地评价、开发约束的具体技术路线上，会有所区别。在用地评价中，旧区相关评价准则也可以归纳成目前的五大类，但是细分后准则会有所不同。在开发约束中，目前的土地开发政策是适用于新开发中的政策，对于再开发中的开发政策如何归纳为约束规则，需要进一步研究，但是开发约束模拟方法是不变的。所以，目前 LUPS 的方法基本适应旧区土地使用布局调整中的应用。具体如何实现、如何与新区开发中的应用同时进行，还需要借助实例来验证、改进。

9.3　进一步研究的展望

9.3.1　关于用地需求

在第 3 章中，已经讨论了有关用地需求的问题，在 LUPS 中没有把用地需求作为系统的一个组成部分。用地需求预测按相应技术规程，采用当前总体规划中的常规方法独立进行。在使用本系统时，不同类型用地的需求是作为外部数据输入。应用实例表明，如果沿用现有总体规划中用地规模的预测方法，是否将用地需求预测步骤纳入 LUPS，实质上对结果无关紧要。

如何将用地需求作为系统的一个组成部分是 LUPS 需要进一步研究的内容之一。假如用地需求预测是根据现有产业发展趋势、居住人口分布和变动趋势，预测未来工业区的用地需求、未来生活区的用地需求，而不是简单套用国标指标。这样的预测内容对 LUPS 有直接的有益作用。传统大尺度城市模型方法适合于这一领域的应用。为此，可以借助传统大尺度城市模型的方法进行用地需求预测。但是，大尺度城市模型对数据的依赖程度较高，这将会对城市总体规划的基础资料收集提出很高的要求。这些问题都需要进一步的研究。

9.3.2 模拟开发密度政策

目前，LUPS 所能模拟的土地开发政策包括两个大类：约束政策和优先发展政策。前者包括"禁止建设用地管制政策" "城市形态管制政策"；后者为"优先发展生活区(工业区)政策"。目前没有涉及土地开发的"开发密度政策"。

在同样的用地需求、同样的"禁止建设用地管制政策""城市形态管制政策""优先发展政策"下，开发密度不同，带来的土地使用也可能会有较大的区别。本书没有涉及开发密度，主要是考虑在现有城市总体规划中，几乎不涉及定量化确定各个区域的开发密度。新《城市规划编制办法中》，虽然提出了"确定建设用地的空间布局，提出土地使用强度管制区划和相应的控制指标(建筑密度、建筑高度、容积率、人口容量等)"①。但是具体如何分区、工作深度如何，仍没有形成惯例。所以本书尚没有涉及这一政策。

在已有国外类似系统中，有的采用根据不同开发密度进一步划分用地类型，例如将居住用地细分为低密度居住用地、中密度居住用地、高密度居住用地(Klosterman, 1999(b))。这种细分用地类型，采用不同开发密度用地的方法，还不能完全模拟开发密度的政策。因为对如何对同一区域位置采用不同的开发密度，也是一种重要的开发政策。采用这种增加建设用地类型，划分不同密度用地类型的方法，还不能真正反映这一政策。

目前的地方政府和中央政府的矛盾往往集中在土地扩张中的讨价还价，环境保护能否打擦边球。如果今后城市工业区面积扩张、环境保护有

① 见 2006 年 4 月 1 日起施行的《城市规划编制办法》第三十一条。

了更合适的、宏观制度制约，有关城区开发密度问题将会进一步凸显。这也成为 LUPS 需要进一步涉及的内容。

开发密度政策与贯彻科学发展观，建设资源节约型、环境友好型社会密切相关。如何应对开发密度问题，是 LUPS 下一步必须研究的内容之一。

9.3.3　建设用地的分类

本书中，将建设用地划分为工业区、生活区两大类。这一分类只能满足土地使用规划初步方案要求。进一步细分建设用地，例如划分为：住宅区、商务区、工业区等，是下一步研究的内容之一。

在国外相关土地使用规划模型中，用地分类有不同的方法。CUF 模型只有一类建设用地；CUF－2 模型将用地划分为：独立式住宅、公寓、商业和工业用途四类(Landis and Zhang，1998(a)(b))；“What-if?”将建设用地划分为：商业、工业、不同密度的居住、开放空间等多种用地。

建设用地种类划分与系统采用的用地分配技术有密切关系。采用固定分配次序(如 UPlan)或者人为制定分配次序(如“What-if?”)的方法，用地分配中用地种类的多寡无关紧要。但是，LUPS 采用了多种建设用地具有不同优先度、允许不同土地用途竞争的方法，建设用地的分类数量就受制于用地分配中的目标数。现有的分配方法只适用于两个目标。CUF－2 虽然允许多种用地竞争，但是其分配技术是基于转化概率的方法，与 LUPS 所使用的方法完全不同。所以，如果要进一步细分建设用地，要么使用其他的用地分配技术，要么就要将现有方法推广到三个及三个以上目标。研究进一步细分建设用地，实质上依赖于对用地分配技术的进一步研究。

9.3.4　城市总体规划、土地利用总体规划协同编制的支持工具

LUPS 目前适用于城市总体规划编制中使用。同样的方法也能够推广

到土地利用总体规划的编制。如果能够在用地分配技术上解决三个冲突目标的用地分配问题，LUPS 就能够成为支持“两规”——城市总体规划与土地利用总体规划——协同编制的有效工具。将基本农田、生活区（建设用地）、工业区（建设用地）作为三个不同的用地需求目标，在城市规划区内，统一安排以上三大类用地，模拟不同政策对城市用地布局、基本农田布局的影响，可以有效缓解“两规”之间的矛盾，更加有效地使用土地资源。这样，必须收集有关影响基本农田布局的因素，采用 MCDA 方法对基本农田进行适宜性评价。当然，这些工作是编制土地利用总体规划必须进行的。

如何推广 LUPS，使之成为“两规”协同编制的支持工具，关键是要对用地分配技术做进一步研究。

9.3.5 系统的集成

LUPS 目前仅仅提出了一个技术框架，还只是一组工具的松散组合，不是一个集成的系统。系统集成、采用人-机交互的方式，对推广应用 LUPS 有着极其重要的意义。这需要对本书中提出的各种方法、技术进一步在实验中检验，进一步规范化和系统化。按照 LUPS 的系统框架，采用对 ArcGIS 二次开发的方法，将本系统集成在统一的用户界面下，这是 LUPS 未来必须进一步研究的又一项内容。

附　录

附录 A　实例一中的 LUPS 应用过程及相关程序

A.1　用地评价

A.1.1　生活区的适宜性评价

根据广饶县域南部地区的实际情况，在 LUPS 中，生活区适宜性评价选取 4 个准则，分别是"与淄河的距离(CR1)""与高速公路的距离(CR2)""可达性(CR3)""与现有生活区的距离(CR4)"。对应的准则地图的产生方式如下：

1. 准则 CR1"与淄河的距离"

淄河及淄河水库作为该地区未来的"绿心"，对本地区的整体生态环境、人居环境的提升有重大作用。准则 CR1 采用与淄河的距离衡量居住环境。距离淄河越近，未来的居住环境越好。淄河两岸 2 500 m 之外，居住环境不再受到淄河的影响。采用 buffer 缓冲区分析生成多重缓冲区，与有效规划区图层叠合，得到准则地图 R1。缓冲区划分标准为以 500 m 为一档产生多重缓冲区，对距离淄河 0～2 500 m 距离之内的用地进行评分。标准化后的准则地图 R1 如附图 A－1 所示。

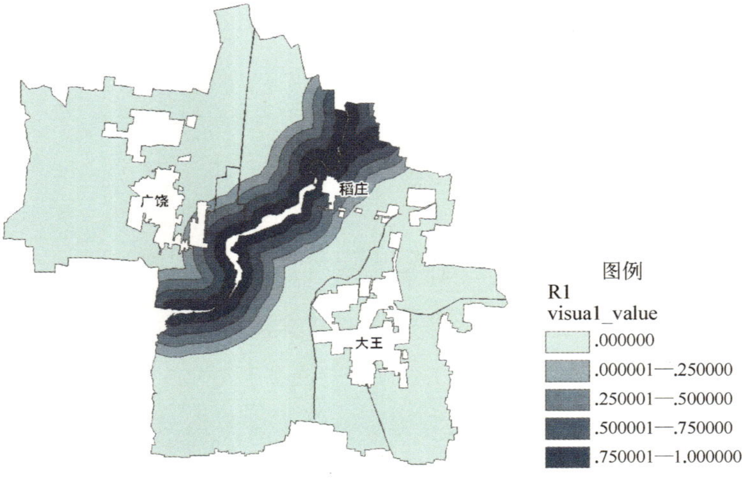

附图 A-1　标准化后的准则地图 R1(与淄河的距离)

2. 准则 CR2“与高速公路的距离”

东青高速公路在该地区东部穿越，紧贴大王镇镇区。显然，距高速公路越近，对居住环境影响越大。采用 buffer 生成高速公路图层的多重缓冲区，生成准则地图 R2。缓冲区划分标准为以 500 米为一档，产生多重缓冲区。标准化后的准则地图 R2 如附图 A-2 所示。

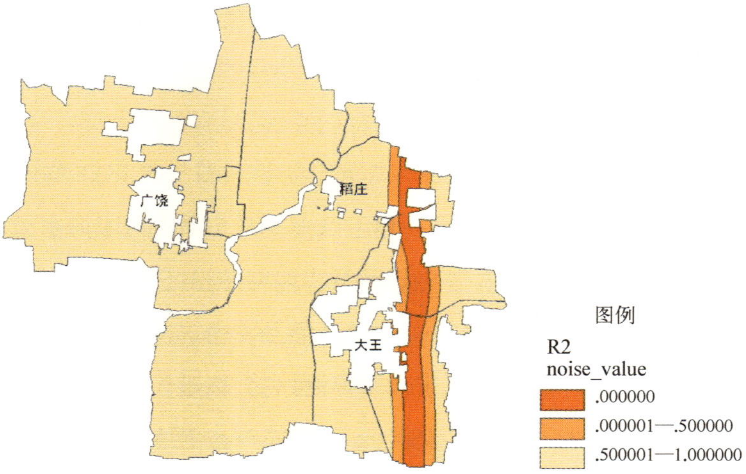

附图 A-2　标准化后的准则地图 R2(与高速公路的距离)

3. 准则 CR3"可达性"

"可达性"准则使用第 4.4.2 节提出的可达性准则的生成方法实现。采用三个城镇的现有居住人口数表示城镇中心的吸引力 Mj，距离衰减系数 β 取 1.0。准则地图 R3 以网格单元图层为基础进行计算，对计算得到的原始可达性得分进行标准化。三个镇的 Mj 取值见附表 A－1，标准化后的准则地图 R3 如附图 A－3 所示。

附表 A－1

城　镇	县　城	大　王	稻　庄
居住人口 Mj 取值	80 000	52 000	6 400

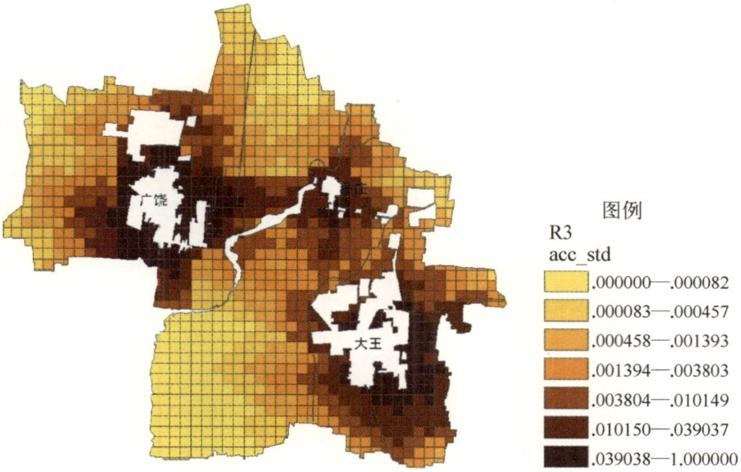

附图 A－3　标准化后的准则地图 R3(可达性)

4. 准则 CR4"与现有生活区的距离"

距现有三个镇的生活区越近，可以更多地依赖现有设施，未来新建生活区的基础设施的投入量越小。缓冲区划分标准以 500 米为一档产生多重缓冲区。距离现有生活区 4 000 米以上，就认为已经不能依赖现有生活区的基础设施。采用正文第 4.5 节提出的方法生成"与现有生活区的距离"的准则地图。以各镇现有生活区的面积作为面积加权系数(附表

A－2)。标准化后的准则地图 R4 如附图 A－4 所示。

附表 A－2

城　镇	县城广饶镇	大　王	稻　庄
面积加权系数	8 352	8 172	1 111

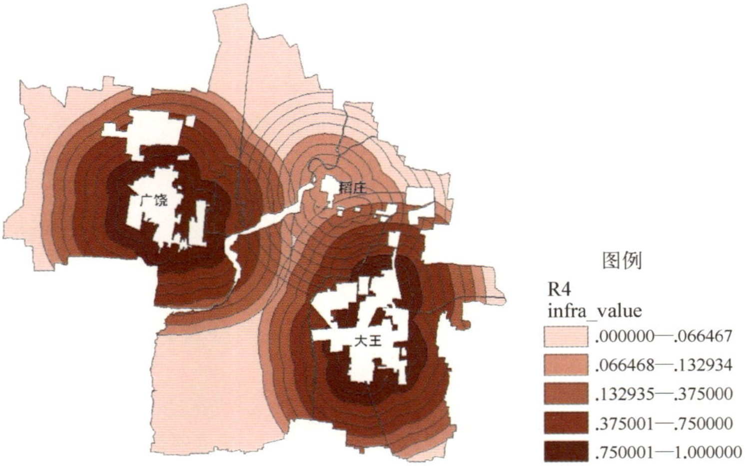

附图 A－4　标准化后的准则地图 R4(与现有生活区的距离)

5. 权重确定

采用层次分析法(AHP),计算生活区适宜性评价的四个准则权重,计算过程和结果如附表 A－3 所示。

附表 A－3

	比　例　矩　阵				标准化的比例矩阵				权重值
	CR3	**CR4**	**CR2**	**CR1**	**CR3**	**CR4**	**CR2**	**CR1**	
CR3	1	2	7	5	0.54	0.57	0.44	0.54	**0.52**
CR4	1/2	1	5	3	0.27	0.28	0.31	0.32	**0.30**
CR2	1/7	1/5	1	1/3	0.08	0.06	0.06	0.04	**0.06**
CR1	1/5	1/3	3	1	0.11	0.09	0.19	0.11	**0.12**
Sum	1.84	3.53	16.00	9.33	1.00	1.00	1.00	1.00	**1.00**

在本例中，一致性向量的平均值

$\lambda=(4.118+4.110+4.017+4.034)/4=4.070$。由此计算得到 $CI=0.023$。

$$CI=\frac{\lambda-n}{n-1}=\frac{4.070-4}{4-1}=0.023$$

准则数 $n=4$，相应的 $RI=0.9$，由此计算得到 CR：

$$CR=\frac{CI}{RI}=\frac{0.023}{0.9}=0.026<0.1$$

表明以上权重的比例矩阵的一致性比率是在允许范围内，通过一致性检验。以上四个准则的权重为：CR1（0.12），CR2（0.06），CR3（0.52），CR4（0.30）。

6. 生成生活区适宜性评价结果

采用简单加权法进行生活区适宜性评价的决策。将准则地图 R1、R2、R3、R4 进行 Union 方式的叠合，得到生活区适宜性评价的结果图层 R_union。使用公式 4－5 计算，在结果图层 R_union 的属性表中对各个准则的得分进行计算，得到生活区适宜性评价结果，评价结果保存在字段 R_score 中。如附图 A－5 所示。

A. 1. 2　工业区的适宜性评价

根据本地区的实际情况，工业区适宜性评价选取五个准则，分别是“与淄河的距离（CM1）”“与高速公路出入口的距离（CM2）”“与省道的距离（CM3）”“与现有工业区的距离（CM4）”“农村居民点的密度（CM5）”。对应的准则地图的产生方式如下：

1. 准则 CM1“与淄河的距离（CM1）”

淄河及淄河水库作为区域未来的“绿心”，工业区必须尽可能远离淄

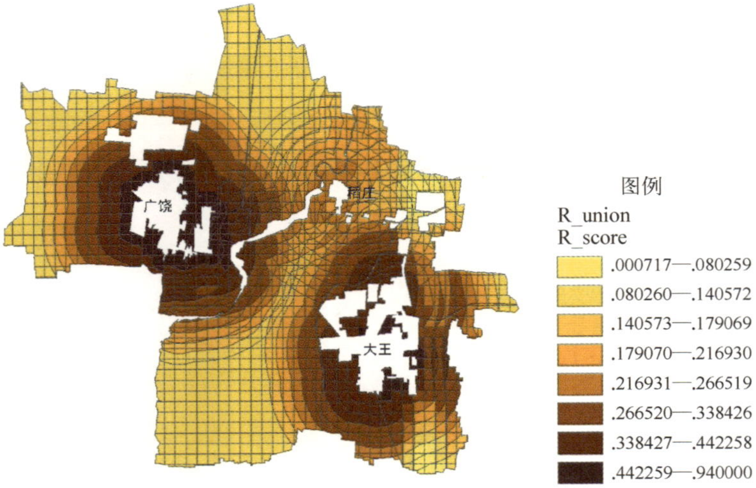

附图 A－5 生活区适宜性评价的结果图层 R_union

河。淄河 2 500 m 以外，工业区布局不影响淄河的生态环境。分别采用 buffer 缓冲区生成多重缓冲区，与有效规划区图层作叠合，得到准则地图 M1。缓冲区划分标准为以 500 米为一档产生多重缓冲区。标准化后的准则地图 M1 如附图 A－6 所示。

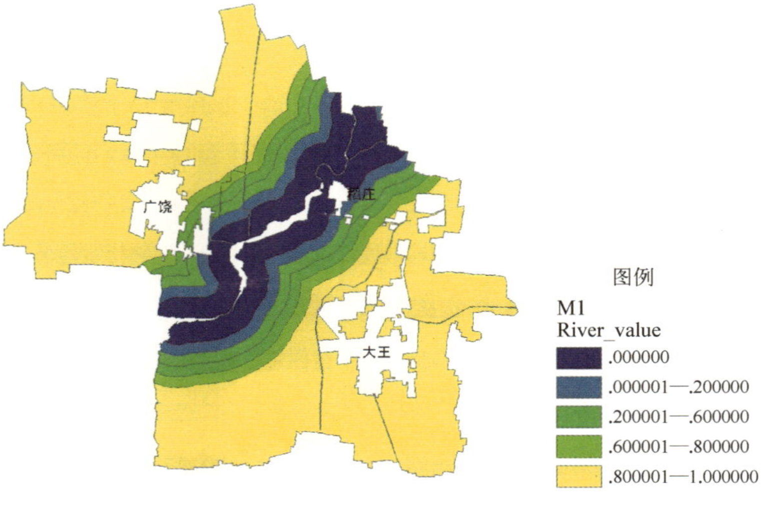

附图 A－6 标准化后的准则地图 M1(与淄河的距离)

2. 准则 CM2“与高速公路出入口的距离”

与东青高速公路两个出入口的距离衡量高速公路对工业区布局的影响。距离高速公路的出入口越近，越适宜建设工业区。采用稻庄、大王两个高速公路出入口作为吸引点，生成基于网络的服务区，与有效规划区图层叠合，得到准则地图 M2。服务区划分标准为以 2 500 m 为一级划分产生多重服务区。标准化后的准则地图 M2 如附图 A－7 所示。

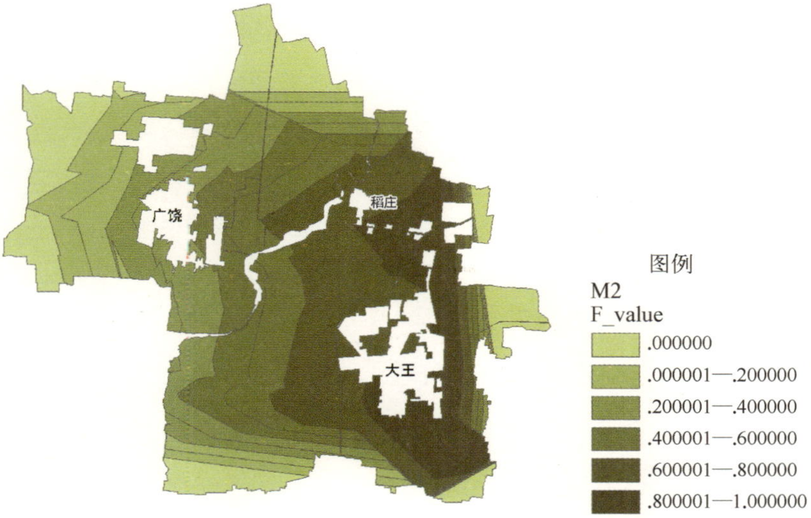

附图 A－7　标准化后的准则地图 M2(与高速公路出入口的距离)

3. 准则 CM3“与省道的距离”

与省道的距离，用来衡量潍高路、青垦路、辛河路三条省道的交通运输条件对工业区用地布局的影响。与省道的直线距离越近，越适宜建设工业区。离省道 2 500 m 以外，就不能受到公路交通运输条件的有利影响。采用道路图层生成缓冲区，与有效规划区图层叠合，得到准则地图 M3。缓冲区划分标准为以 500 m 为一档产生多重缓冲区。标准化后的准则地图 M3 如附图 A－8 所示。

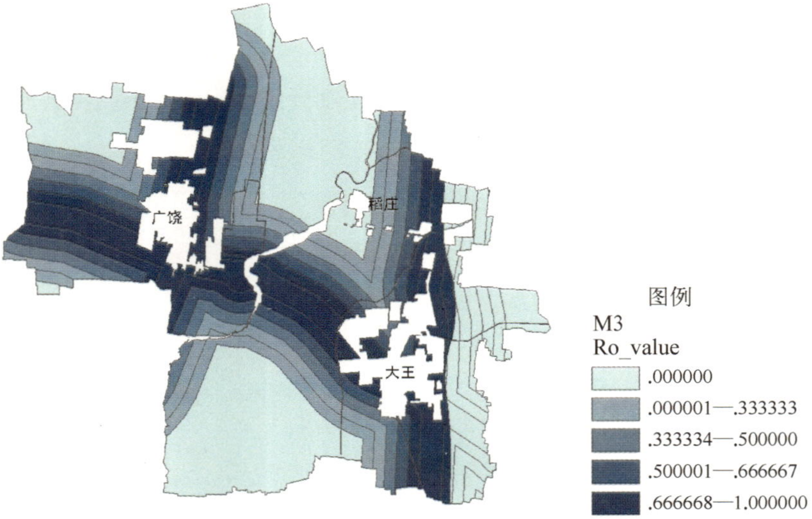

附图 A-8　标准化后的准则地图 M3(与省道的距离)

4. 准则 CM4“与现有工业区的距离”

以与现有工业区的距离衡量新建工业区的基础设施投入量。与生活区适宜性评价中的准则 CR4 不同,本区域内的已有工业区都经过系统的规划,经多年发展,具有较大的规模,提供各类基础设施服务的条件差异不大。为此,在准则 CM4 计算中,不采用“面积加权系数”的方法,直接采用 buffer 缓冲区进行评价。缓冲区划分标准以 500 m 为一档产生多重缓冲区。现有工业区 3 500 m 以外,不能依赖现有的基础设施。标准化后的准则地图 M4 如附图 A-9 所示。

5. 准则 CM5“农村居民点的密度”

土地获取类因素选取“农村居民点的密度”为评价标准。某地块内农村居民点的密度越大,土地获取成本越高,越不适于工业区发展。使用网格单元图层与土地使用图层叠合。采用第 4.6 节的方法计算作为准则 M5 的原始得分。标准化后的准则地图 M5 如附图 A-10 所示。

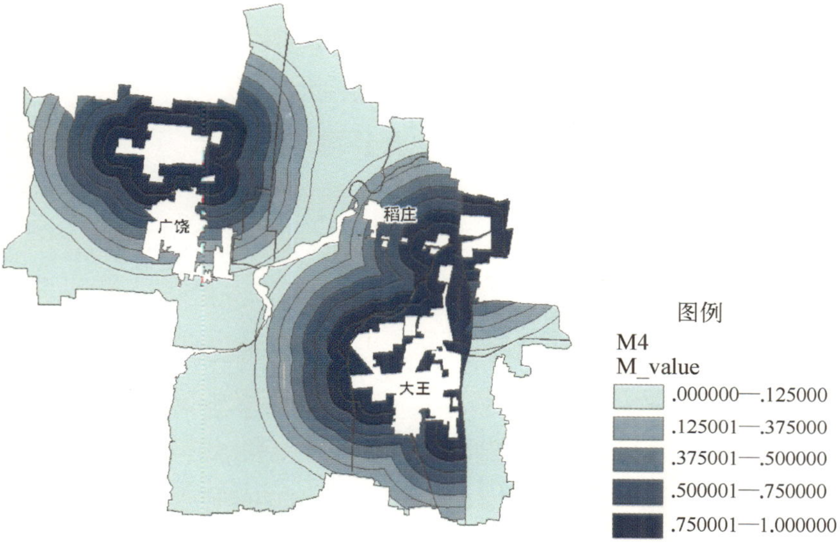

附图 A-9 标准化后的准则地图 M4(与现有工业区的距离)

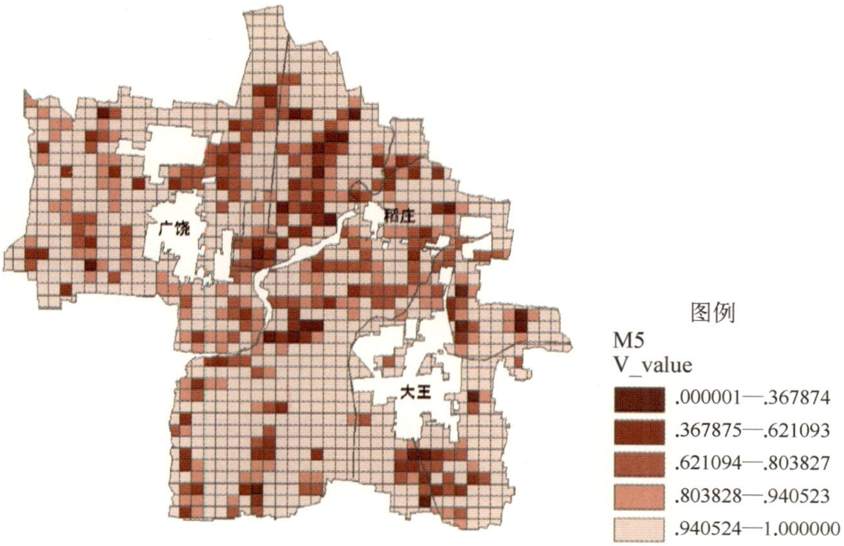

附图 A-10 标准化后的准则地图 M5(农村居民点的密度)

6. 权重确定

采用层次分析法(AHP)计算五个准则的权重,计算过程和结果如附表 A-4 所示。

附表 A-4

	比例矩阵					标准化的比例矩阵					权重值
	CM3	CM2	CM1	CM4	CM5	CM3	CM2	CM1	CM4	CM5	
CM3	1	1/3	1/7	1/3	1/5	0.05	0.03	0.07	0.04	0.05	**0.05**
CM2	3	1	1/5	1	1/3	0.16	0.10	0.10	0.11	0.09	**0.11**
CM1	7	5	1	4	2	0.37	0.48	0.48	0.43	0.52	**0.46**
CM4	3	1	1/4	1	1/3	0.16	0.10	0.12	0.11	0.09	**0.11**
CM5	5	3	1/2	3	1	0.26	0.29	0.24	0.32	0.26	**0.27**
合计	19.00	10.33	2.09	9.33	3.87	1.00	1.00	1.00	1.00	1.00	**1.00**

在本例中,一致性向量的平均值

$\lambda = (5.03 + 5.05 + 5.14 + 5.04 + 5.13)/ 5 = 5.08$。由此计算得到 $CI = 0.020$。

$$CI = \frac{\lambda - n}{n - 1} = \frac{5.08 - 5}{5 - 1} = 0.020$$

准则数 $n = 5$,相应的 $RI = 1.12$,由此计算得到 CR:

$$CR = \frac{CI}{RI} = \frac{0.033}{1.12} = 0.018 < 0.1$$

表明以上权重的比例矩阵的一致性比率是在允许范围内,通过一致性检验。以上五个准则的权重为:CM1(0.46),CM2(0.11),CM3(0.05),CM4(0.11),CM5(0.27)。

7. 生成工业区适宜性评价结果

采用简单加权法进行生活区适宜性评价的决策。将准则地图 M1、

M2、M3、M4、M5 进行 Union 方式的叠合，得到工业区适宜性评价的结果图层 M_union。使用公式 4-5 的计算，在结果图层 M_union 的属性表中对各个准则的得分进行计算，得到工业区适宜性评价结果，评价结果保存在字段 M_score 中。如附图 A-11 所示。

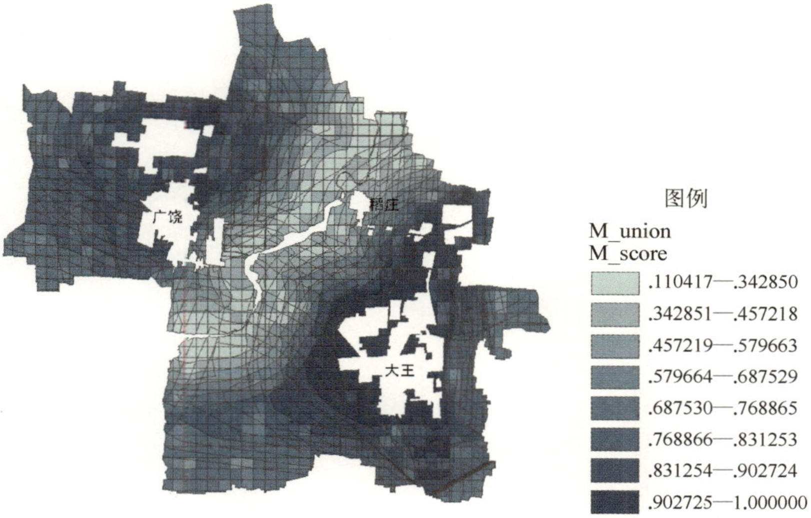

附图 A-11　工业区适宜性评价的结果图层 M_union

A.1.3　生活区、工业区适宜性评价图层叠合

将生活区适宜性评价结果 R_union 和工业区适宜性评价结果M_union 进行叠合，得到适宜性评价的结果图层 R_M_union。这一图层的多边形就是基本用地分析单元，其中属性字段 R_score、M_score 分别表示同一用地分析单元的生活区适宜性得分和工业区适宜性得分。

A.2　开发约束

在适宜性评价的基础上，分别模拟四组开发政策下的未来土地使用。采用第 5.4 节提出开发约束叠合方法模拟禁止建设用地管制政策、城市形态管制政策。

A. 2. 1　禁止建设用地管制政策

模拟 E1、E2 两种禁止建设用地管制政策的过程如附图 A-12 所示，通过叠合分析(clip)得到图层 R_M_E1、R_M_E2(附图 A-13)。这两个图层都已经剔除了禁建区用地范围。

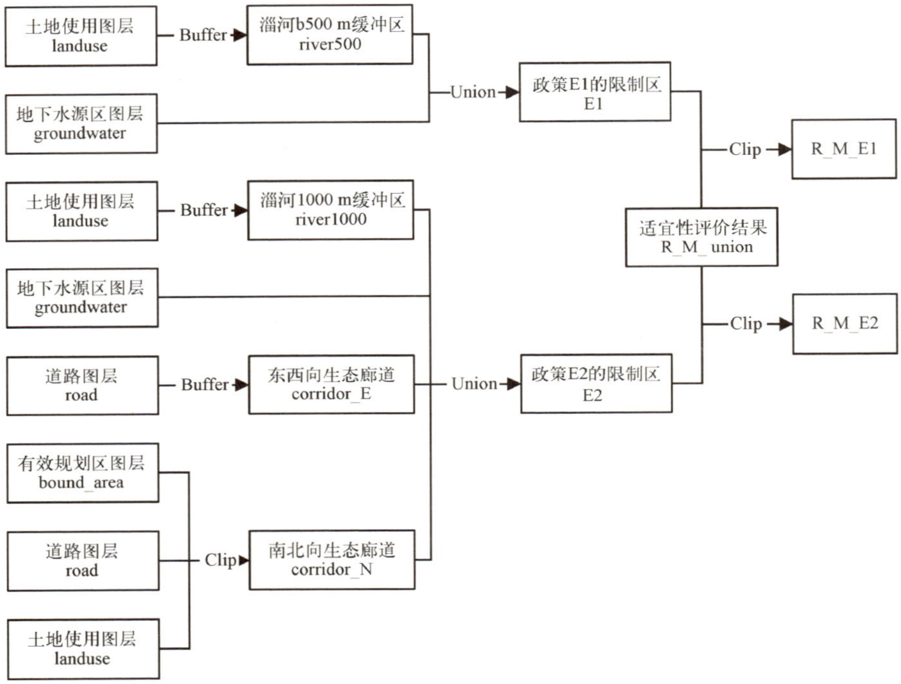

附图 A-12　禁止建设用地管制政策 E1、E2 的模拟过程

A. 2. 2　城市形态管制政策

城市形态管制政策适用于生活区、工业区。相关图层产生的方法如附图 A-14 所示。模拟政策 C2，采用生成现有城镇生活区、城镇工业区的 1 500 m缓冲区，再与图层 R_M_E1、R_M_E2 叠合方法实现，得到图层RM_

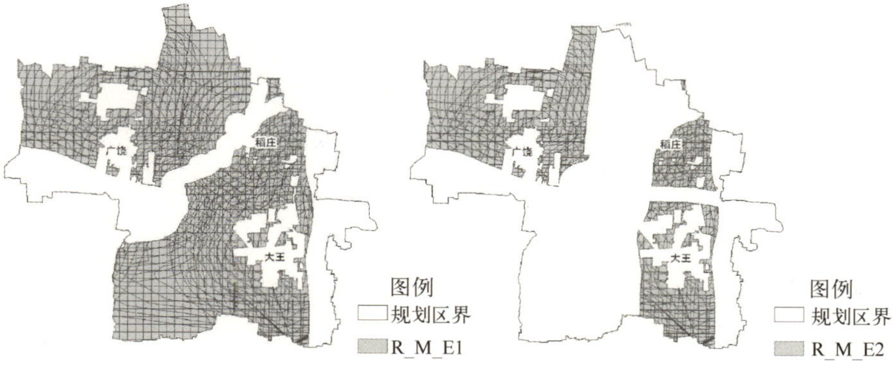

附图 A-13　图层 R_M_E1、R_M_E2

E1C2、RM_E2C2。模拟政策 C1 不控制城市形态，由图层 RM_E1C1、RM_E2C1 由 R_M_E1、R_M_E2 直接复制产生(附图 A-15)。

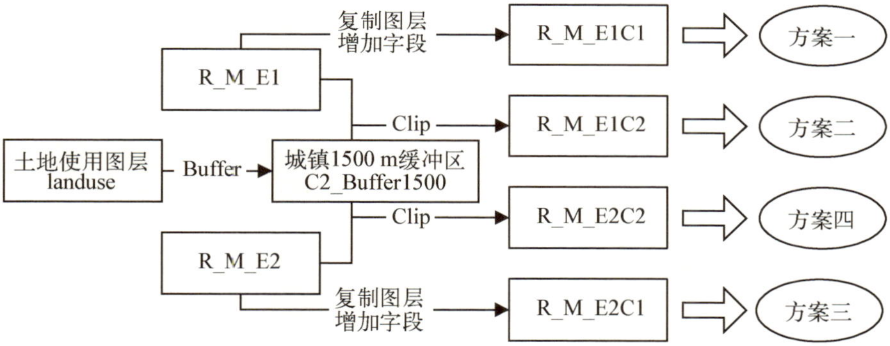

附图 A-14　城市形态管制政策 C1、C2 的模拟过程

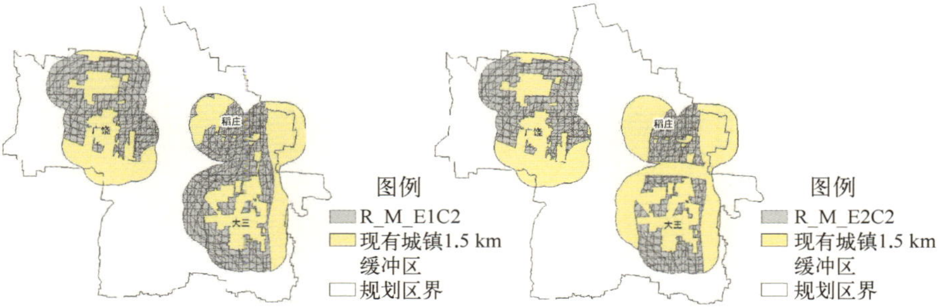

附图 A-15　图层 R_M_E1C2、R_M_E2C2

A.3 “绿心”政策的用地分配

A.3.1 运行过程

在使用 LUPS 研究绿心政策时，用地分配的过程包括以下四个步骤。四个政策方案对应图层 RM_E1C1、RM_E1C2、RM_E2C1、RM_E2C2 分别进行以下计算步骤：

（1）按照生活区适宜性评分值“R_score”，从高到低顺序优先选择新建生活区用地。优先产生 20 km^2 的生活区，得出整个规划区内生活适建区。

（2）按照工业区适宜性评分值“M_score”，在剩余的用地分析单元内，从高到低顺序选择新建工业区用地，产生 23 km^2 的工业区，得出整个规划区内工业适建区。

（3）既不是适建区又不是禁建区的区域就是通常意义上的限建区。三种分配结果保存在属性字段“allocation”。其中，“E”——限建区、“R”——生活适建区、“M”——工业适建区。

（4）合并

对以上产生的计算结果图层，按属性字段“allocation”进行多边形合并(dissolve)，得到四个不同政策组合下的未来土地使用布局图层 E1C1（方案一）、E2C1（方案二）、E1C2（方案三）、E2C2（方案四）。用地分配过程使用 VBA 对 ArcObjects 进行开发编程实现，相关主程序 value_area 的流程如附图 A-16 所示。

A.3.2 相关程序清单

用地分配程序 Value_Area 清单如下：

```
Dim ValueData_M() As Long


Dim pLayer As ILayer
```

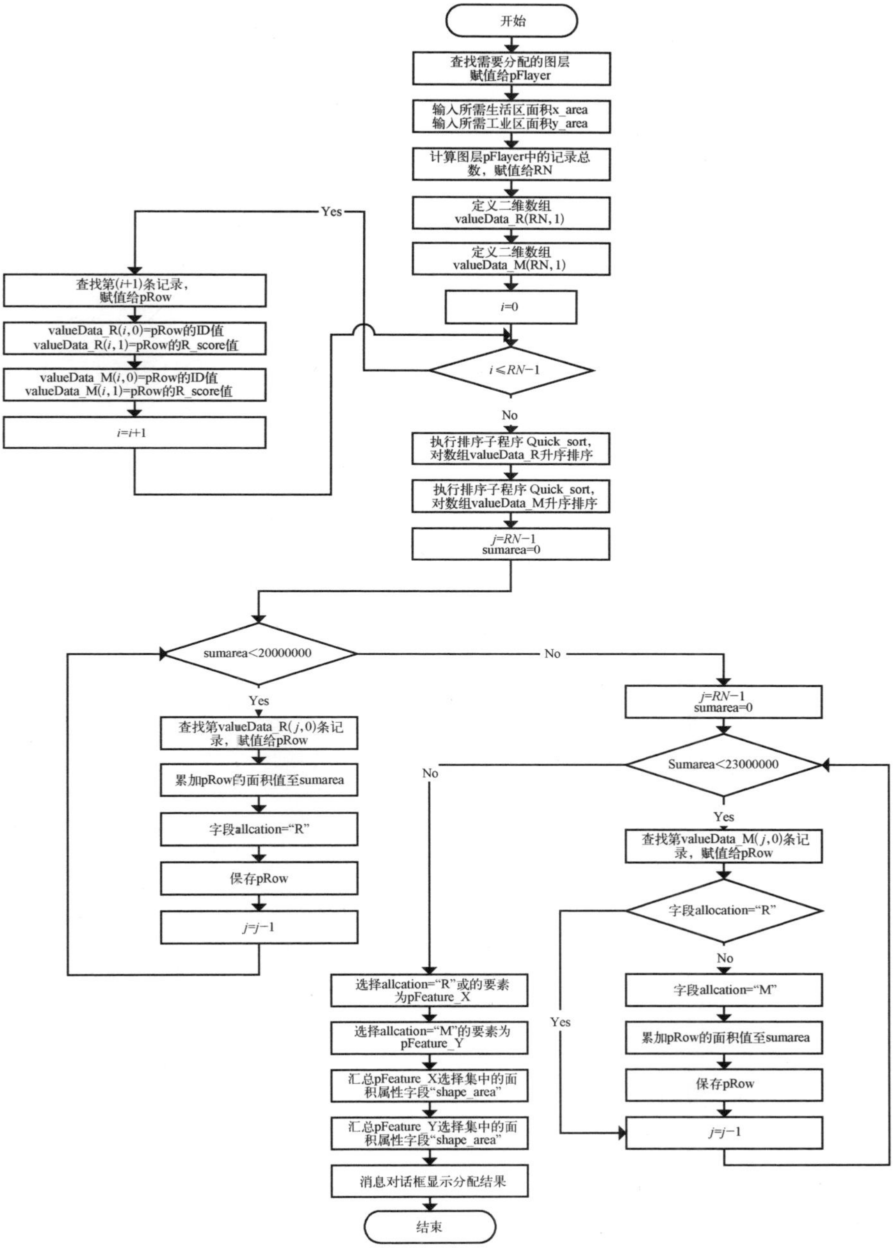

附图 A-16 用地分配主程序 value_area 的流程

```
 Dim pFLayer As IFeatureLayer
Dim pTable As ITable

' 查找需要的图层
Dim intCount As Integer
For intCount = 0 To pMap.LayerCount - 1
 Set pLayer = pMap.Layer(intCount)
 If TypeOf pLayer Is IFeatureLayer Then
  If pLayer.Name = "R_M_E1C2" Then '此处输入图层名
   Set pFLayer = pLayer
   Exit For
  End If
 End If
Next
If pFLayer Is Nothing Then
 MsgBox "图层未找到"
 Exit Sub
End If

Set pTable = pFLayer

'计算图层属性表中的字段数,赋予变量 RN
Dim RN As Integer
Dim pQFilter As IQueryFilter
Dim pRow As IRow
Set pQFilter = New QueryFilter
```

```
pQFilter.WhereClause = " OBJECTID>0 "
RN = pTable.RowCount(pQFilter)

ReDim ValueData_R(RN - 1, 1)
ReDim ValueData_M(RN - 1, 1)

'分别读取 M_score、R_score
For i = 0 To RN - 1
 Set pRow = pTable.GetRow(i + 1)
 ValueData_R(i, 0) = pRow.Value(pTable.FindField("OBJECTID"))
 ValueData_R(i, 1) = Int(pRow.Value(pTable.FindField("R_score"))
* 100000 + 0.5) / 10
 ValueData_M(i, 0) = pRow.Value(pTable.FindField("OBJECTID"))
 ValueData_M(i, 1) = Int(pRow.Value(pTable.FindField("M_score"))
* 100000 + 0.5) / 10
Next i

'排序
Call Quicksort(ValueData_R(), 0, RN - 1)
Call Quicksort(ValueData_M(), 0, RN - 1)

'读取所需的字段,赋值变量的初始值
Dim sumarea_R As Single
Dim sumarea_M As Single
Dim indexNo, useNo As Long
indexNo = pTable.FindField("Shape_Area")
```

```
useNo = pTable.FindField("allocation")
j = RN - 1
sumarea_R = 0
sumarea_M = 0

'先选择 20 km²的生活区
Do While sumarea_R< 20000000
  Set pRow = pTable.GetRow(ValueData_R(j, 0))
  sumarea_R = sumarea_R + pRow.Value(indexNo)
  pRow.Value(useNo) = "R"
  pRow.Store
  j = j - 1
Loop

'再选择 23 km²的工业区
j = RN - 1
Do While sumarea_M< 23000000
  Set pRow = pTable.GetRow(ValueData_M(j, 0))
  If pRow.Value(useNo) = "E" Then '查找还是未建设用地"E"的记录
    sumarea_M = sumarea_M + pRow.Value(indexNo)
    pRow.Value(useNo) = "M"
    pRow.Store
  End If
  j = j - 1
Loop
```

```
'报告和显示计算、分配结果
MsgBox "计算分配结果：" + vbCrLf + "R = " + Str$ ((Int(sumarea_R/1000
 + 0.5))/1000) + vbCrLf + "M = " +
Str $ ((Int(sumarea_M/1000 + 0.5))/1000), vbInformation

ReportError:
 If Err.Number<>0 Then
  MsgBox Err.Description
 End If
End Sub
```

子程序 Quicksort 清单如下：

```
Sub Quicksort(list() As Long, min As Integer, max As Integer)
Dim med_value As Long
Dim med_ID As Integer
Dim hi As Integer
Dim lo As Integer
Dim i As Integer
    med_ID = 0

    ' If the list has no more than 1 element, it's sorted.
    If min> = max Then Exit Sub

    ' Pick a dividing item.
    i = Int((max - min + 1) * Rnd + min)
    med_value = list(i, 1)
```

```
med_ID = list(i, 0)

'Swap it to the front so we can find it easily.
list(i, 1) = list(min, 1)
list(i, 0) = list(min, 0)

'Move the items smaller than this into the left
'half of the list. Move the others into the right.
lo = min
hi = max
Do
    'Look down from hi for a value< med_value.
    Do While list(hi, 1)> = med_value
        hi = hi - 1
        If hi< = lo Then Exit Do
    Loop
    If hi< = lo Then
        list(lo, 1) = med_value
        list(lo, 0) = med_ID
        Exit Do
    End If

    'Swap the lo and hi values.
    list(lo, 1) = list(hi, 1)
    list(lo, 0) = list(hi, 0)

    'Look up from lo for a value> = med_value.
```

```
        lo = lo + 1
        Do While list(lo, 1)< med_value
            lo = lo + 1
            If lo> = hi Then Exit Do
        Loop
        If lo> = hi Then
          lo = hi
          list(hi, 1) = med_value
          list(hi, 0) = med_ID
          Exit Do
      End If

      ' Swap the lo and hi values.
      list(hi, 1) = list(lo, 1)
      list(hi, 0) = list(lo, 0)
  Loop

  ' Sort the two sublists
  Quicksort list(), min, lo - 1
  Quicksort list(), lo + 1, max
End Sub
```

A. 4 “优先发展”政策的用地分配

A. 4. 1 运行过程

1. 排序

“优先发展”政策的研究是在前述方案四的基础上进行，将其对应图层

RM_ E2C2，其中的每一个用地分析单元分别按生活区适宜性得分（字段 R_ score）、工业区适宜性得分（字段 M_score）的按得分高低的升序排序。排序得到的排序位值保存在字段 R_ranking 和 M_ranking 中。排序过程使用 VBA 对 ArcObjects 进行开发实现。用地分析单元排序程序 R_M_sort 的流程如附图 A－17 所示。

2. 分配

按正文第 6 章 6.4 节提出的方法，使用 VBA 对 ArcObjects 进行开发编程实现。相关主程序 guangrao_MOLA 和子程序 Find_x1_y1 的流程如附图 A－18、附图 A－19 所示。主要包括三个步骤。

(1) 根据生活区（目标 X，20 km^2）、工业区（目标 Y，23 km^2）的面积要求，对已经完成排序的候选项，计算决策平面上所需的排序位数值 $x1$、$y1$。

(2) 根据输入的 wx 和 wy，计算决策平面上斜线的斜率 k。

(3) 根据 $x1$、$y1$ 和斜率 k，得到用地分配结果。以上计算获取满足双重目标的决策结果，选择出非冲突区内满足目标 X、目标 Y 的用地分析单元、将冲突区划分为满足目标 X 和目标 Y 两种用地分析单元。最终分配结果保存在字段“select_suit”中。

由于 LUPS 中采用双重目标用地分配方法，单次分配所得的符合目标 X、目标 Y 的候选项面积之和会小于输入的目标 X、目标的面积需求，所以需要扩大输入的面积数值，以求得所需的结果。每一次用地分配计算中均采用多次调整输入面积，经 3～6 次反复，使得实际计算结果与需求面积误差小于 0.1 km^2，认为达到要求。三种政策的模拟结果如下：

政策 1（$k = 1/3, wx = 0.25, wy = 0.75$）：输入 x_area＝36 km^2，y_area＝23 km^2，实际计算得到的目标 X 面积＝19.995 km^2，目标 y 面积＝22.995 km^2，所得的计算结果图层 K_1_3_dissolve。

政策 2（$k = 1, wx = 0.5, wy = 0.5$）：输入 x_area＝27 km^2，y_area＝31 km^2，实际计算得到的目标 X 面积＝20.013 km^2，目标 y 面积＝

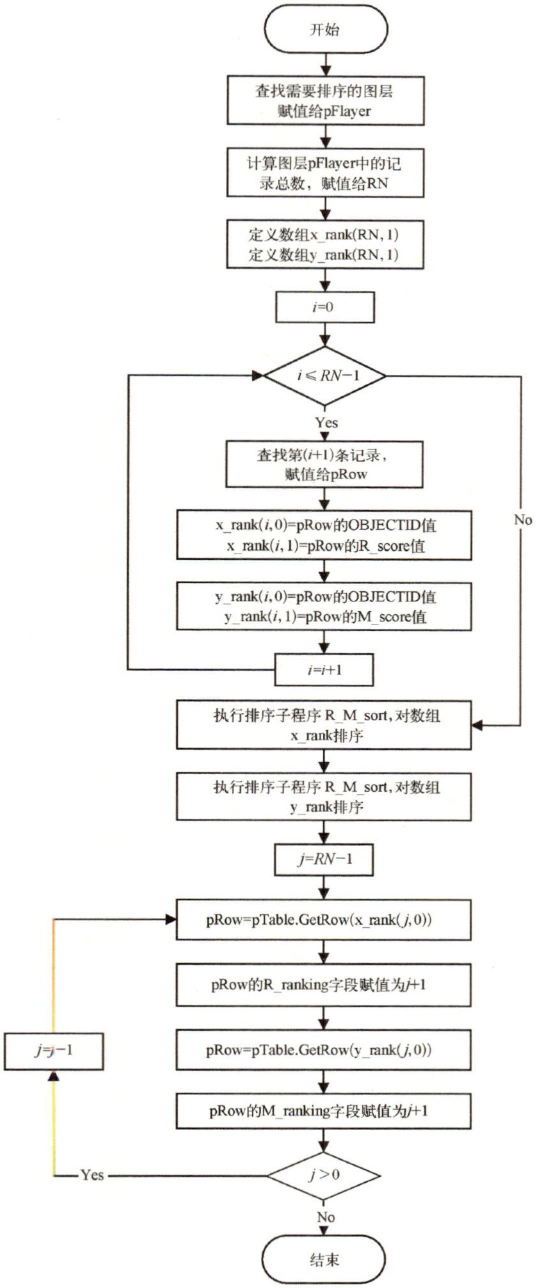

附图 A-17 双重目标的候选项排序程序 R_M_sort 的流程

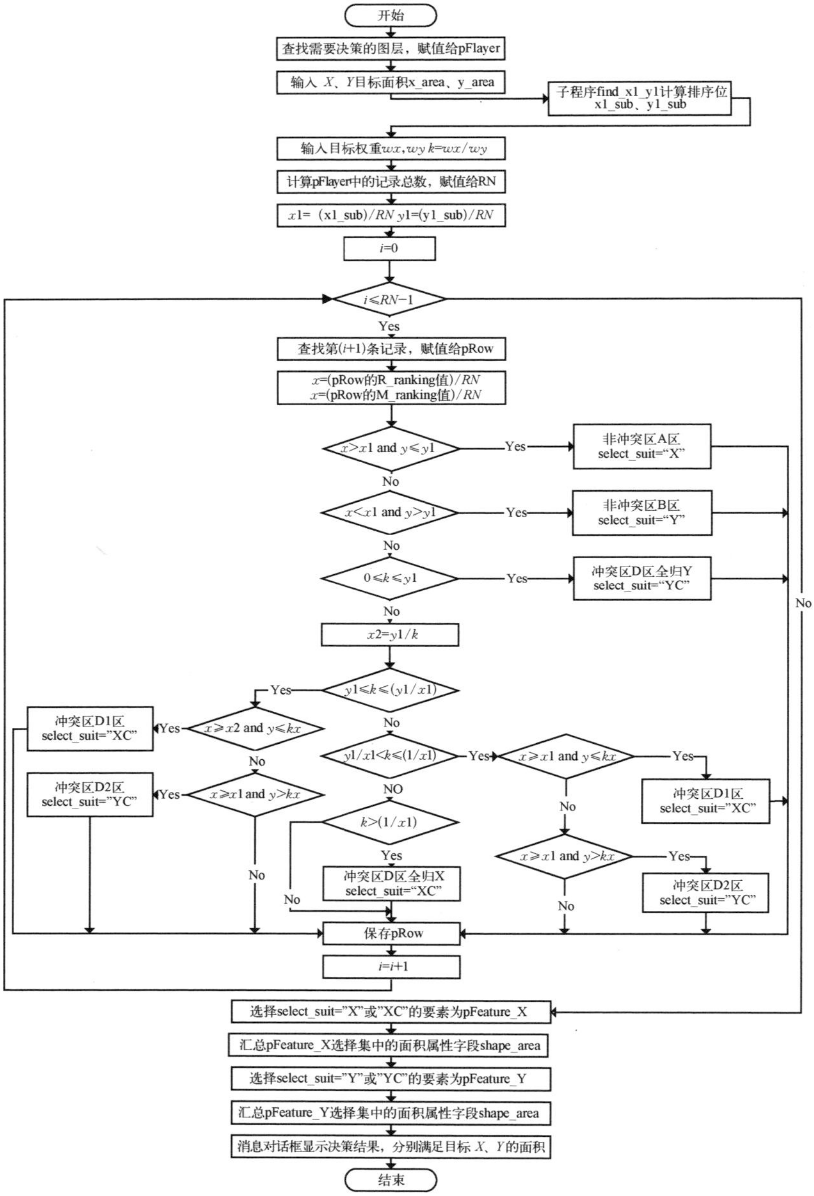

附图 A-18　分配主程序 guangrao_MOLA 的流程

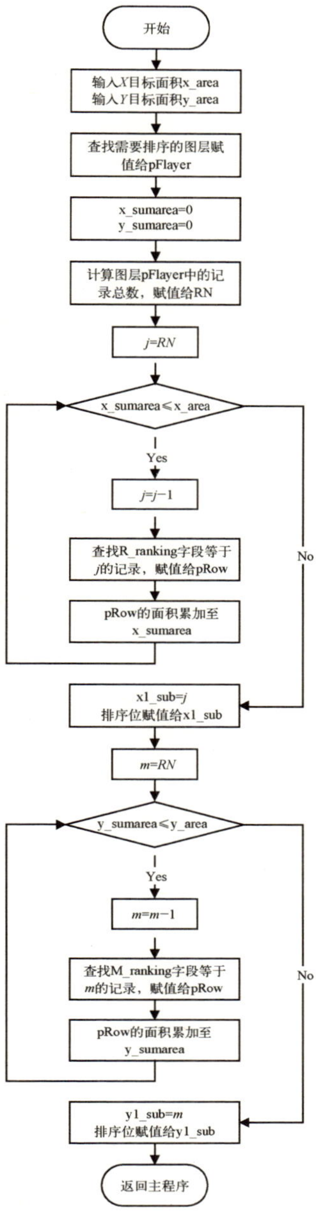

附图 A-19　子程序 Find_x1_y1 的流程

23.029 km^2，所得的计算结果图层 K_1_dissolve。

政策 3 ($k=3, wx=0.75, wy=0.25$)：输入 x_area=20 km^2，y_area=36.25 km^2，实际计算得到的目标 X 面积=19.977 km^2，目标 y 面积=23.010 km^2，所得的计算结果图层 K_3_1_dissolve。

3. 合并

对以上产生的计算结果图层，按属性字段“select_suit”进行多边形合并(dissolve)分析，得到三个不同的“优先发展”政策下的未来土地使用布局。

A.4.2 相关程序清单

双重目标的候选项排序程序 R_M_Sort 的清单如下：

```
Public Sub R_M_Sort()
 On Error GoTo ReportError

 Dim pMxDoc As IMxDocument
 Set pMxDoc = ThisDocument
 Dim pMap As IMap
 Set pMap = pMxDoc.FocusMap

 Dim pLayer As ILayer
 Dim pFLayer As IFeatureLayer
 Dim pTable As ITable

 '查找需要的图层
 Dim intCount As Integer
 For intCount = 0 To pMap.LayerCount - 1
```

```
 Set pLayer = pMap.Layer(intCount)
 If TypeOf pLayer Is IFeatureLayer Then
  If pLayer.Name = "R_M_E2C2_for_MOLA" Then '此处输入图层名
   Set pFLayer = pLayer
   Exit For
  End If
 End If
Next
If pFLayer Is Nothing Then
 MsgBox "图层未找到"
 Exit Sub
End If

'计算图层属性表中的记录总数,赋予变量 RN
Dim RN As Integer
Dim pQFilter As IQueryFilter
Dim pRow As IRow

Set pTable = pFLayer
Set pQFilter = New QueryFilter
pQFilter.WhereClause = " OBJECTID>0 "
 RN = pTable.RowCount(pQFilter)

Dim x_rank() As Long
Dim y_rank() As Long
ReDim x_rank(RN - 1, 1) As Long '定义 R 的数组 x
```

```
ReDim y_rank(RN - 1, 1) As Long '定义 M 的数组 y

For i = 0 To RN - 1
  Set pRow = pTable.GetRow(i + 1)
  x_rank(i, 0) = pRow.Value(pTable.FindField("OBJECTID"))
  x_rank(i, 1) = Int(pRow.Value(pTable.FindField("R_score")) *
1000000000 + 0.5)/10
  y_rank(i, 0) = pRow.Value(pTable.FindField("OBJECTID"))
  y_rank(i, 1) = Int(pRow.Value(pTable.FindField("M_score")) *
1000000000 + 0.5)/10
Next i

Call Quicksort(x_rank(), 0, RN - 1) '对 X 排序
Call Quicksort(y_rank(), 0, RN - 1) '对 Y 排序
For j = RN - 1 To 0 Step - 1
  Set pRow = pTable.GetRow(x_rank(j, 0))
  pRow.Value(pTable.FindField("R_ranking")) = j + 1
  pRow.Store
   Set pRow = pTable.GetRow(y_rank(j, 0))
  pRow.Value(pTable.FindField("M_ranking")) = j + 1
  pRow.Store
Next j

ReportError:
 If Err.Number<>0 Then
  MsgBox Err.Description
```

```
 End If
End Sub
```

用地分配程序 MOLA_guangrao 清单如下：

```
Public Sub MOLA_guangrao()
'本模块必须先有标注入选的字段“suit_select”(字符型)
On Error GoTo ReportError

 Dim pMxDoc As IMxDocument
 Set pMxDoc = ThisDocument
 Dim pMap As IMap
 Set pMap = pMxDoc.FocusMap

 Dim pLayer As ILayer
 Dim pFLayer As IFeatureLayer
 Dim pTable As ITable

 '查找需要的图层
 Dim intCount As Integer
 For intCount = 0 To pMap.LayerCount - 1
  Set pLayer = pMap.Layer(intCount)
  If TypeOf pLayer Is IFeatureLayer Then
   If pLayer.Name = "R_M_E2C2_for_MOLA" Then '此处输入图层名
    Set pFLayer = pLayer
    Exit For
   End If
  End If
```

```
 Next
 If pFLayer Is Nothing Then
  MsgBox "图层未找到"
  Exit Sub
 End If

'输入 X1,Y1 的数值
Dim x0 As Single, y0 As Single 'x0 y0 是标准化之前的原始 X1,Y1 数值。由子程序直接计算得到
Dim x1 As Single, y1 As Single
Dim x2 As Single, y2 As Single, x_areakm As Single, y_areakm As Single

x_areakm = 27 '输入 x 目标的面积
y_areakm = 31 '输入 y 目标的面积

Call findx1_y1_new(x0, y0, x_areakm, y_areakm) '调用子过程计算 X1,Y1

'计算斜率 k,其中 wx wy 是目标权重,k 是斜率 tan A
Dim wx As Single, wy As Single, k As Single
wx = 0.5 '输入 x 目标的权重
wy = 0.5 '输入 y 目标的权重
k = wx / wy 'wy/wx 的倒数才是 tan 值

'选出符合 X,Y 目标的所有选项,读出其对应的 X、Y 值以及 FID 编号
Dim RN As Integer
```

```
Dim pQFilter As IQueryFilter
Dim pRow As IRow

Set pTable = pFLayer
Set pQFilter = New QueryFilter
pQFilter.WhereClause = " OBJECTID>0 "
RN = pTable.RowCount(pQFilter) '计算有多少个选项

'进行标准化,将排序值转换为 0—1 之间的值 X1,Y1
x1 = x0 / RN
y1 = y0 / RN

Dim x, y As Single
Dim indexNo As Long
indexNo = pTable.FindField("suit_select")

For i = 0 To RN - 1
 Set pRow = pTable.GetRow(i + 1)
 pRow.Value(indexNo) = "NONE" '将字段 suit_select 清零,取除上一次循环的结果
 x = pRow.Value(pTable.FindField("R_ranking")) / RN
 y = pRow.Value(pTable.FindField("M_ranking")) / RN

'为非冲突区 A 区赋值
 If x> = x1 And y< = y1 Then pRow.Value(indexNo) = "X" 'X 适宜区赋值
```

```
'为非冲突区 B 区赋值
 If x< x1 And y>y1 Then pRow.Value(indexNo) = "Y" 'y 适宜区赋值

'冲突区赋值
 If x>x1 And y>y1 Then
 '第 1 种情况,冲突区全部归目标 Y
 If k>= 0 And k<= y1 Then pRow.Value(indexNo) = "YC"
 '第 2 种情况,划分 D1 目标 X、D2 目标 Y
 If k>y1 And k< (y1 / x1) Then
   x2 = y1 / k
   If x>= x2 And y<= (k * x) Then pRow.Value(indexNo) = "XC" Else
pRow.Value(indexNo) = "YC"
  End If
 '第 3 种情况,划分 1 目标 X、D2 目标 Y
 If k>(y1 / x1) And k<= (1 / x1) Then
  If x>= x1 And y<= (k * x) Then pRow.Value(indexNo) = "XC" Else
pRow.Value(indexNo) = "YC"
 End If
 '第 4 种情况,冲突区全归目标 X
  If k>(1 / x1) Then pRow.Value(indexNo) = "XC"
 End If

 pRow.Store '保存表格的记录

Next i
```

```
'以下部分用于汇总 X XC、Y YC 的面积
Dim pFeatcls As IFeatureClass
Set pFeatcls = pFLayer.FeatureClass

'create the query filter and give it a where clause
Dim pQFilt_X As IQueryFilter
Dim pFeatCur_X As IFeatureCursor
Dim pQFilt_Y As IQueryFilter
Dim pFeatCur_Y As IFeatureCursor

Set pQFilt_X = New QueryFilter
pQFilt_X.WhereClause = "suit_select = 'X'or suit_select = 'XC' or suit_
select = 'YtoX'"
Set pFeatCur_X = pFeatcls.Search(pQFilt_X, False)

Set pQFilt_Y = New QueryFilter
pQFilt_Y.WhereClause = "suit_select = 'Y'or suit_select = 'YC'or suit_
select = 'XtoY'"
Set pFeatCur_Y = pFeatcls.Search(pQFilt_Y, False)

'get the area field
Dim pFlds As IFields
Dim pFld As IField
Dim lAIndex As Long

Set pFlds = pFeatcls.Fields
```

```
lAIndex = pFlds.FindField("Shape_Area")
Set pFld = pFlds.Field(lAIndex)

'a variable to hold the total area
Dim dtotArea_X As Double, dtotArea_Y As Double
dtotArea_X = 0#
dtotArea_Y = 0#

'loop through all of the features and
'calculate the sum of all of the areas
Dim pFeat As IFeature
Set pFeat = pFeatCur_X.NextFeature
Do
dtotArea_X = dtotArea_X + pFeat.Value(lAIndex)
Set pFeat = pFeatCur_X.NextFeature
Loop Until pFeat Is Nothing

Set pFeat = pFeatCur_Y.NextFeature
Do
  dtotArea_Y = dtotArea_Y + pFeat.Value(lAIndex)
  Set pFeat = pFeatCur_Y.NextFeature
Loop Until pFeat Is Nothing

'send the total area to a message box
MsgBox "本轮计算分配结果：" + vbCrLf + "R = " + Str$((Int(dtotArea_
X / 1000 + 0.5)) / 1000) + vbCrLf + "M = " + Str$((Int(dtotArea_Y / 1000 +
```

```
0.5)) / 1000), vbInformation

ReportError:
 If Err.Number<>0 Then
  MsgBox Err.Description
 End If

End Sub
```

子程序 findx1_y1 的清单如下：

```
Public Sub findx1_y1 (x1_sub As Single, y1_sub As Single, x_area As
Single, y_area As Single)
'根据输入的X、Y目标需要的用地面积,计算x1,y1
 On Error GoTo ReportError

 Dim pMxDoc As IMxDocument
 Set pMxDoc = ThisDocument
 Dim pMap As IMap
 Set pMap = pMxDoc.FocusMap

 Dim pLayer As ILayer
 Dim pFLayer As IFeatureLayer
 Dim pTable As ITable

 '查找需要的图层
 Dim intCount As Integer
 For intCount = 0 To pMap.LayerCount - 1
```

```
    Set pLayer = pMap.Layer(intCount)
    If TypeOf pLayer Is IFeatureLayer Then
     If pLayer.Name = "R_M_E2C2_for_MOLA" Then '此处输入图层名
      Set pFLayer = pLayer
      Exit For
     End If
    End If
  Next
  If pFLayer Is Nothing Then
    MsgBox "图层未找到"
    Exit Sub
  End If
```

'计算图层属性表中的记录总数,赋予变量 RN

```
  Dim RN As Integer
  Dim pQFilter As IQueryFilter
  Dim pRow As IRow

  Set pTable = pFLayer
  Set pQFilter = New QueryFilter
  pQFilter.WhereClause = " OBJECTID>0 "
   RN = pTable.RowCount(pQFilter)
```

'根据得分大小汇总面积,建立选择集

```
  Dim x_sumarea As Single
```

```
Dim y_sumarea As Single
Dim indexNo As Long
Dim j, m As Integer

indexNo = pTable.FindField("Shape_Area")
j = RN
m = RN
x_sumarea = 0
y_sumarea = 0

Dim myCursor As ICursor
Dim myRow As IRow

Set pTable = pFLayer

Do While x_sumarea< = x_area * 1000000
 j = j - 1
 Set pQFilter = New QueryFilter
 pQFilter.WhereClause = "R_ranking = " & Str$(j)
 Set myCursor = pTable.Search(pQFilter, False)
 Set pRow = myCursor.NextRow
 x_sumarea = x_sumarea + pRow.Value(indexNo)
Loop
x1_sub = j

Do While y_sumarea< = y_area * 1000000
```

```
  m = m - 1
  Set pQFilter = New QueryFilter
  pQFilter.WhereClause = "M_ranking = " & Str$(m)
  Set myCursor = pTable.Search(pQFilter, False)
  Set pRow = myCursor.NextRow
  y_sumarea = y_sumarea + pRow.Value(indexNo)
 Loop
 y1_sub = m

ReportError:
 If Err.Number<>0 Then
  MsgBox Err.Description
 End If
End Sub
```

子程序 Quicksort 与 A.3.2 节相同。

附录 B　实例二中的 LUPS 应用过程及相关程序

B.1　用地评价

B.1.1　生活区的适宜性评价

根据保山坝区的实际情况，生活区适宜性评价选取环境、可达性、基础设施和土地获取成本四大类准则，进一步细化为 5 个准则，分别是“与青华海的距离(CRv)”“与机场跑道的距离(CRn)”“可达性(CRa)”“与现有生活区的距离(CRi)”“农村居民点的密度(CRc)”。

1. 准则 CRv"与青华海的距离"

青华海是坝区内的最大湖泊，接近现有市区。以与青华海的距离衡量其居住环境，认为距离青华海越近，未来的居住环境越好。青华海以外2 500 米，居住的适宜性就不再受青华海的有利影响。由于高速公路的阻隔，高速公路以西的地域也受不到青华海自然环境的影响。采用 buffer 缓冲区分析生成多重缓冲区，与有效规划区图层叠合，得到准则地图 Rv。缓冲区划分标准为以 500 米为一档产生多重缓冲区。标准化后的准则地图 Rv 如附图 B-1所示。

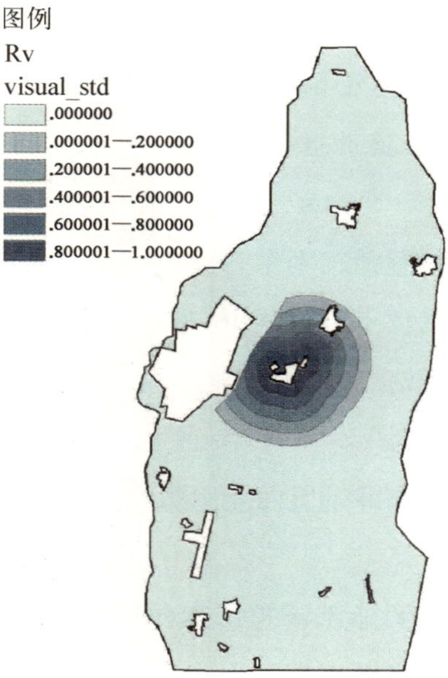

附图 B-1　标准化后的准则地图 Rv（与青华海的距离）

2. 准则 CRn"与机场跑道的距离"

保山机场的跑道两端及机场端净空穿越保山市区东侧，机场的起降的噪声对居住环境有一定的影响。根据机场飞机起降的规律，噪声的影响集中在升降带和端净空面的范围内。在此范围内，以离机场跑道的距离衡量噪声影响。在升降区内受噪声的影响最大，在端净空面的范围内距跑道越远，影响越小。升降带和端净空面之外的规划区不受到机场起降噪声的影响①。采用缓冲区分析 buffer 生成机场跑道的多重缓冲区，依次与端净空面和升降区图层、有效规划区范围图层叠合，生成准则地图 Rn。缓冲区划分标准为以1 000 m 为一档，产生多重缓冲区。标准化后的准则地图 Rn 如附图 B-2 所示。

---

① 有关机场对城市的噪声等影响参见徐循初，黄建中主编，《城市道路与交通规划(下册)》，中国建筑工业出版社，2007，第 97—104 页。

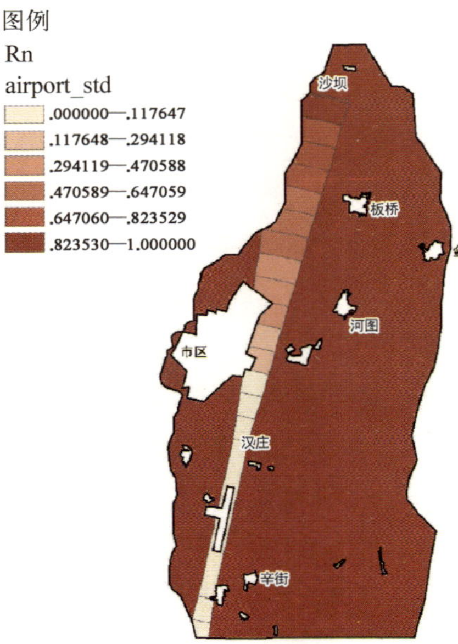

附图 **B-2**　标准化后的准则地图 **Rn**（与机场跑道距离）

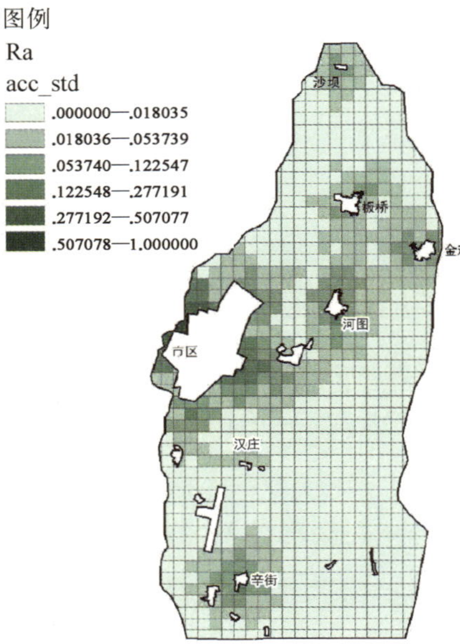

附图 **B-3**　标准化后的准则地图 **Ra**（可达性）

3. 准则 CRa"可达性"

"可达性"准则采用第 4.4.2 节提出的可达性准则的生成方法实现。采用市区以及六个城镇中心的现有居住人口数表示城镇中心的吸引力 Mj（附表 B-1），距离衰减系数 β 取 1.0。准则地图 R3 以网格单元图层为基础进行计算，对计算得到的原始可达性得分进行标准化。标准化后的准则地图 Ra 如附图 B-3 所示。

附表 B-1

城　镇	市　区	板　桥	河　图	辛　街	金　鸡	沙　坝	汉　庄
居住人口 Mj 取值	100 273	5 029	7 558	5 052	5 691	2 608	2 025

4. 准则 CRi"与现有生活区的距离"

距现有市区和六个镇的生活区越近，可以更多地依赖现有设施，未来新建生活区的基础设施的投入量越小。缓冲区划分标准以 500 m 为一档产生多重缓冲区。距离现有生活区 4 000 m 以上，就认为已经不能依赖现有生活区的基础设施。采用第 4.5 节提出的方法生成“与现有生活区的距离”的准则地图。以各镇现有生活区的面积作为面积加权系数(附表 B-2)。

附表 B-2

城　镇	市 区	板 桥	河 图	辛 街	金 鸡	沙 坝	汉 庄
面积加权系数	1 052.8	62	53.3	26.1	51.1	8	8.9

由于高速公路的阻隔，除了电力、电信等设施外，对于生活区所必需的给水、排水等基础设施的服务跨越高速公路有困难。在本例中，假定各个现有生活区提供的基础设施不能跨越高速公路。具体生成准则地图时，将市区、沙坝的高速公路以西的缓冲区，板桥、河图、辛街、金鸡、汉庄五镇在高速公路以东的缓冲区进行叠合；再与有效规划区范围图层叠合，得到准则地图 Ri。标准化后的准则地图 Ri 如附图 B-4 所示。

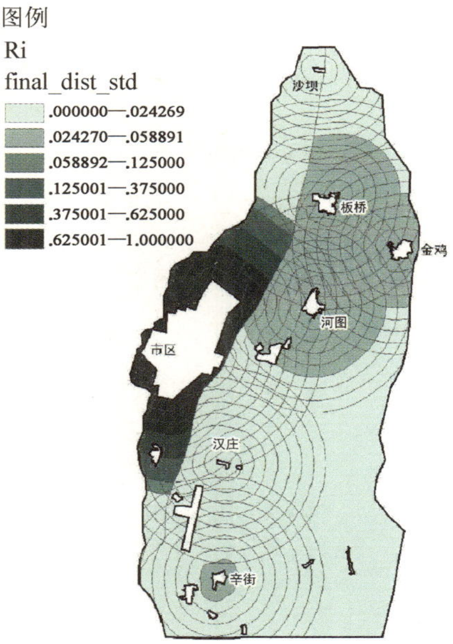

附图 B-4　标准化后的准则地图 Ri (与现有生活区的距离)

5. 准则 CRc“现有村庄的密度”

土地获取类因素选取“现有村庄的密度”为评价标准。使用网格单元图层与土地使用图层叠合。采用第 4.7 节提出的方法计算准则 CRc 的原始得分。标准化后的准则地图 Rc 如附图 B-5 所示。

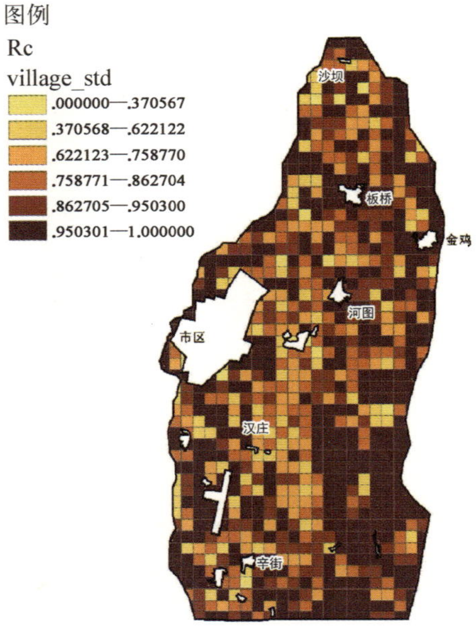

附图 B-5　标准化后的准则地图 Rv(现有村庄的密度)

6. 权重确定

采用层次分析法(AHP),计算五个准则的权重,计算过程和结果如附表 B-3 所示。

附表 B-3

	比例矩阵					标准化的比例矩阵					权重值
	CRa	CRi	CRn	CRv	CRc	CRa	CRi	CRn	CRv	CRc	
CRa	1	3	3	5	3	0.45	0.56	0.35	0.36	0.44	**0.43**
CRi	1/3	1	2	3	2	0.15	0.19	0.24	0.21	0.29	**0.22**
CRn	1/3	1/2	1	2	1/2	0.15	0.09	0.12	0.14	0.07	**0.12**
CRv	1/5	1/3	1/2	1	1/3	0.09	0.06	0.06	0.07	0.05	**0.07**
CRc	1/3	1/2	2	3	1	0.15	0.09	0.24	0.21	0.15	**0.17**
Sum	2.2	5.333	8.5	14	6.83	1.00	1.00	1.00	1.00	1.00	**1.00**

在本例中,一致性向量的平均值

$\lambda=(5.232+5.217+5.056+5.102+5.063)/5=5.13$。由此计算得到 $CI=0.03$。

$$CI=\frac{\lambda-n}{n-1}=\frac{5.13-5}{5-1}=0.003$$

准则数 $n=5$，相应的 $RI=1.12$，由此计算得到 CR：

$$CR=\frac{CI}{RI}=\frac{0.033}{1.12}=0.030<0.1$$

表明以上权重的比例矩阵的一致性比率是在允许范围内，通过一致性检验。以上五个准则的权重为：CRv（0.07），CRn（0.12），CRa（0.43），CRi(0.22)，CRc(0.17)。

7. 生成生活区适宜性评价结果

将准则地图 Rv、Rn、Ra、Ri、Rc 进行叠合，得到生活区适宜性评价的结果图层 R_union。使用公式 4 - 5 在结果图层 R_union 的属性表中对各个准则的得分进行计算，生活区适宜性评价结果保存在字段R_score 中。生活区适宜性评价结果图层如附图 B - 6所示。

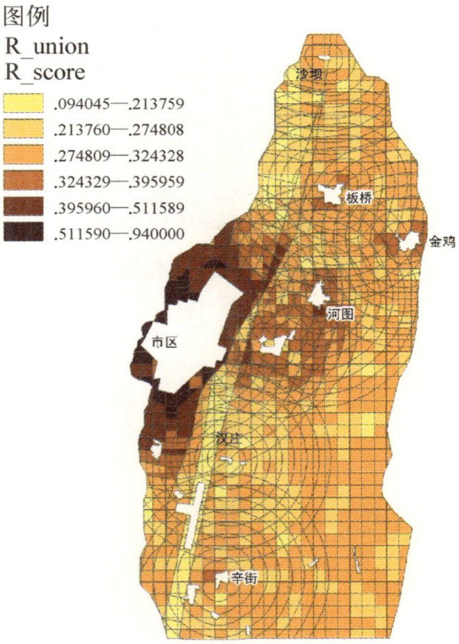

附图 B - 6　生活区适宜性评价的结果图层 R_union

B. 1. 2　工业区的适宜性评价

根据保山坝区的实际情况，工业区适宜性评价在环境、交通运输、基础设施和土地获取成本四大类中细化为 6 个准则，分别是“远离主导风向的上风向”(CMw)“与生态敏感区的距离”(CMe)“与高速公路出入口的

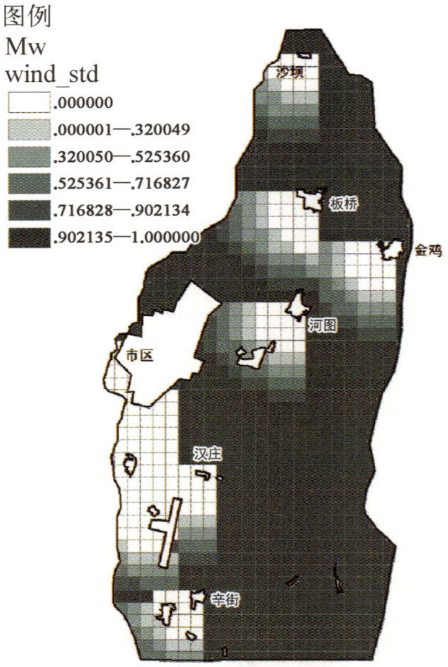

附图 B-7　标准化后的准则地图 Mw（远离主导风向上风向）

距离”（CMf）“与主要公路的距离”（CMr）“与市区的距离”（CMi）“农村居民点的密度”（CMc）。

1. 准则 CMw“远离主导风向的上风向”

按照土地使用规划中用地布局的一般原理，工业区不能布局于生活区常年主导风向的上风向。准则 CMw 采用第 4.3.2 节提出的方法生成准则地图。其中市区的禁止区取 5 km，受限区的范围取 5 km，其他镇禁止区的范围取 1 km，受限区的范围取 2 km。标准化后的准则地图 Mw 如附图 B-7 所示。

2. 准则 CMe“与生态敏感区的距离”

规划区内 11 处不同大小的高原湖泊和东河都属于生态敏感区。工业区必须尽可能远离以上生态敏感区。湖泊2 500m 以外的工业区不会影响湖泊的生态环境，距离东河 1 000 m 以上，不影响东河的生态环境。分别采用 buffer 缓冲区生成东河的多重缓冲区，湖泊的多重缓冲区，分别与有效规划区图层作叠合，得到准则地图 Me。缓冲区划分标准为以 500 m 为一档产生多重缓冲区。标准化后的准则地图 Me 如附图 B-8所示。

3. 准则 CMf“与高速公路出入口的距离”

与三个高速公路出入口的距离衡量高速公路对工业区用地布局的影响。距离高速公路的出入口越近，越适宜建设工业区。采用以三个高速公路出入口作为吸引点，生成基于网络的服务区，与有效规划区图层叠合，得到准则地图 Mf。服务区划分标准为以 2 500 m 为一级划分产生。标准化后的准则地图 Mf 如附图 B-9 所示。

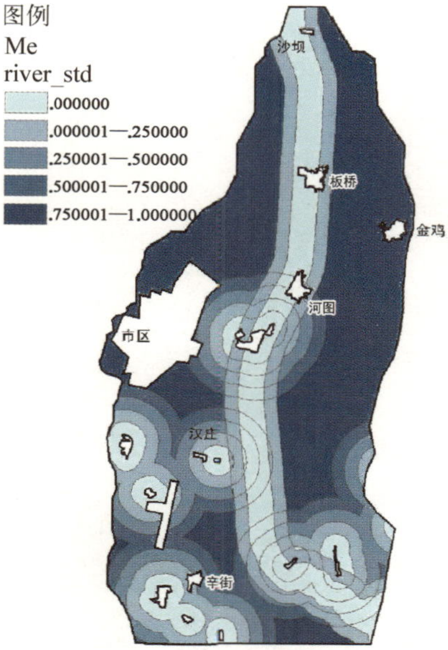

附图 B-8 标准化后的准则地图 Me（与生态敏感区的距离）

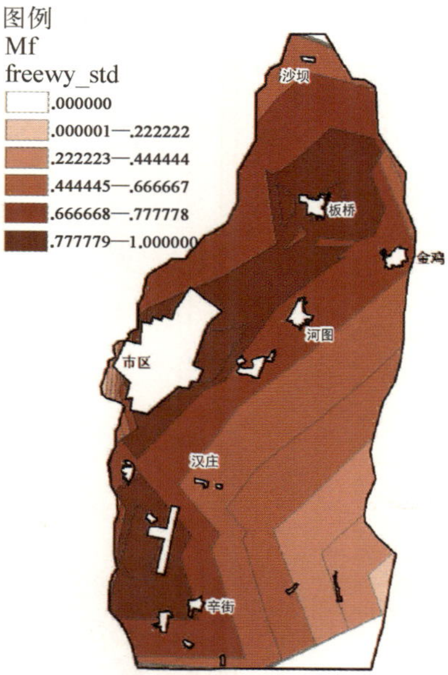

附图 B-9 标准化后的准则地图 Mf（与高速公路出入口的距离）

4. 准则 CMr“与主要公路的距离”

与坝区内主要公路距离，用来衡量老 320 国道和保云公路对工业区用地布局的影响。与公路的直线距离越近，越适宜建设工业区，距离 3 000 m以外，就不能受到公路的交通运输条件的影响。以道路图层生成缓冲区，与有效规划区图层叠合，得到准则地图 Mr。缓冲区划分标准为以 500 m 为一档产生多重缓冲区。标准化后的准则地图 Mr 如附图 B-10 所示。

5. 准则 CMi“与市区的距离”

由于保山规划区内现状尚没有成片工业区，此处不使用“与现有工业区的距离”衡量建设工业区的基础设施投入。由于现有建成区中，只有市区具备了对外提供部分基础设施服务的条件，采用“与市区的距离”表达新工业区建设所需要付出的部分基础设施投入。具体生成方法包括以下4个部分：

(1) 将网格单元图层转化(Features to Point)为点图层 Cell_point；

(2) 土地使用图层中的市区多边形转化(Features to Line)为线图层 City_line；

(3) 计算(Near)点图层 Cell_point 与线图层 City_line 之间的距离；

(4) 点图层 Cell_point 与网格单元图层作空间连接，生成准则地图 Mi，对 Mi 进行标准化。标准化后的准则地图 Mi 如附图 B-11 所示。

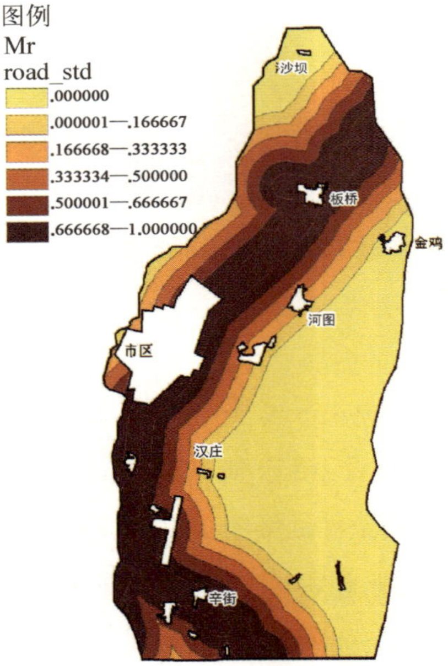

附图 B-10　标准化后的准则地图 Mf (与主要公路的距离)

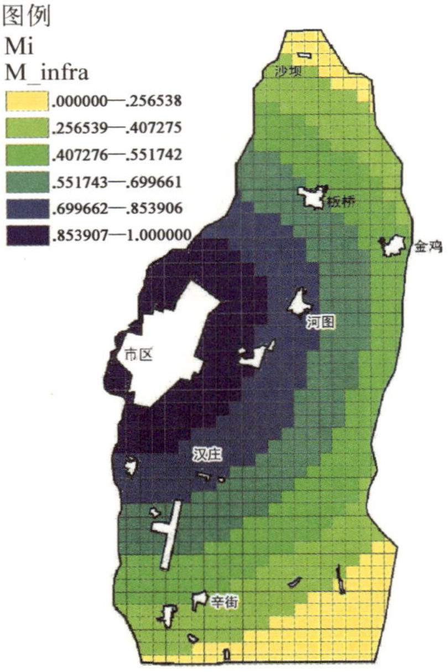

附图 B-11　标准化后的准则地图 Mi(与市区的距离)

6. 准则 CMc“农村居民点的密度”

土地获取类因素选取“现有村庄的密度”为评价标准。计算该准则地图的方法与生活区适宜性评价准则 CRc 的方法一样。标准化后的准则地图 Mc 与准则地图 Rc 一致。

7. 权重确定

采用层次分析法(AHP)计算六个准则的权重,计算过程和结果如附表 B-4 所示。

附表 B-4

	比例矩阵						标准化的比例矩阵						权重值
	CMf	**CMr**	**CMw**	**CMe**	**CMc**	**CMi**	**CMf**	**CMr**	**CMw**	**CMe**	**CMc**	**CMi**	
CMf	1	3	1/5	1/3	1/3	1/2	0.07	0.11	0.07	0.07	0.07	0.05	**0.07**
CMr	1/3	1	1/7	1/5	1/7	1/5	0.02	0.04	0.05	0.04	0.03	0.02	**0.03**
CMw	5	7	1	2	2	3	0.35	0.25	0.37	0.41	0.40	0.31	**0.35**
CMe	3	5	1/2	1	1	3	0.21	0.18	0.19	0.21	0.20	0.31	**0.22**
CMc	3	7	1/2	1	1	2	0.21	0.25	0.19	0.21	0.20	0.21	**0.21**
CMi	2	5	1/3	1/3	1/2	1	0.14	0.18	0.12	0.07	0.10	0.10	**0.12**
Sum	14.33	28.00	2.68	4.87	4.98	9.70	1.00	1.00	1.00	1.00	1.00	1.00	**1.00**

对权重的一致性检验结果,一致性向量的平均值 $\lambda = 6.143$。由此计算得到 $CI = 0.029$。

$$CI = \frac{\lambda - n}{n-1} = \frac{6.143-6}{6-1} = 0.029$$

准则数 $n = 6$,相应的 $RI = 1.24$,由此计算得到 CR:

$$CR = \frac{CI}{RI} = \frac{0.029}{1.24} = 0.023 < 0.1$$

表明以上权重的比例矩阵的一致性比率是在允许的范围内,通过一致性检验。以上六个准则的权重为:CMf(0.07),CMr(0.03),CMw(0.35),

CMe(0.22),CMc(0.21),CMi(0.12)。

8. 生成工业区适宜性评价结果

将准则地图 Mw、Me、Mf、Mr、Mc、Mi 进行叠合,得到工业区适宜性评价的结果图层 M_union。使用公式 4-5,在结果图层 M_union 的属性表中对各个准则的得分进行计算,得到工业区适宜性评价结果,评价结果保存在字段M_score中。如附图 B-12 所示。

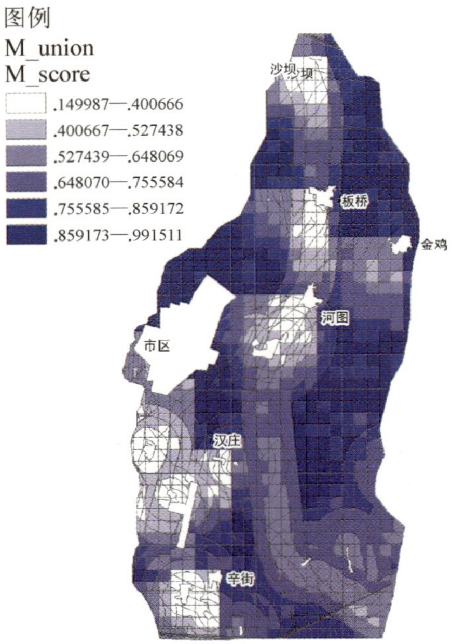

附图 B-12 工业区适宜性评价的结果图层 M_union

B.1.3 生活区、工业区适宜性评价图层叠合

按照 LUPS 用地评价子模型的流程,将生活区适宜性评价的结果 R_union和工业区适宜性评价结果 M_union 进行叠合,生成基本用地分析单元,得到适宜性评价的结果图层 R_M_union,这一图层属性字段 R_score、M_score 分别表示同一地块生活区适宜性得分和工业区适宜性得分。

B.2　开发约束

使用 LUPS 的开发约束子模型，将生态敏感区保护、城市扩张控制、农田保护三类措施转化为约束规则，使用开发约束子模型进行模拟，模拟四种不同情景下的三类措施。

B.2.1　生态敏感区保护措施的模拟

生态敏感区保护措施就是一种特定的“禁止建设用地管制政策”，使用开发约束子模型模拟。先生成开发约束图层，随后使用 Clip 叠合(第 5.4.1 节)生成三个措施对应的图层(附图 B-13)，得到图层 R_M_E1(情景二、三)、R_M_E2(情景四)、R_M_E3(情景一)。这三个图层都已经剔除了不能建设的生态敏感区保护范围，是下一步其他措施模拟的基础(附图 B-14)。

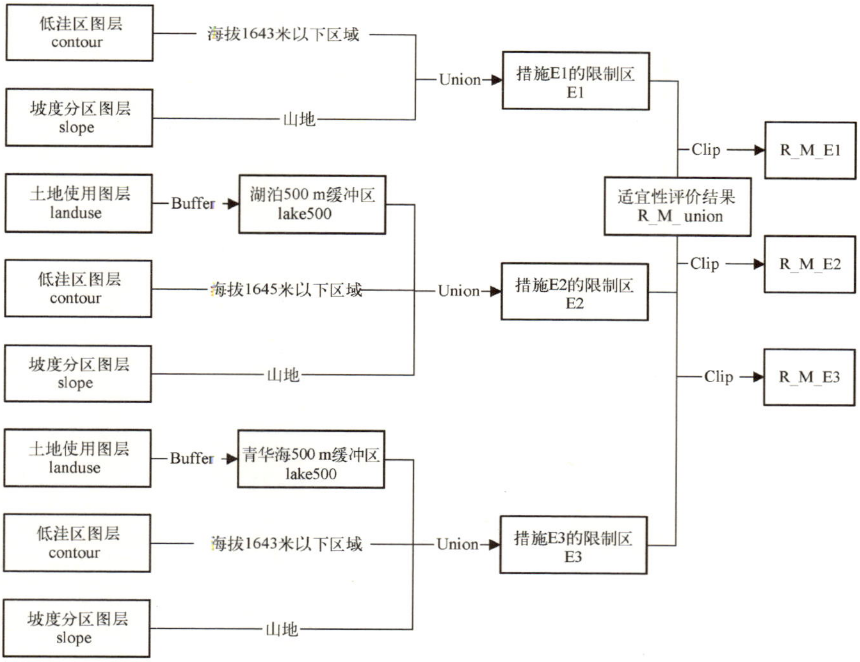

附图 B-13　生态敏感区保护措施 E1、E2、E3 的模拟过程

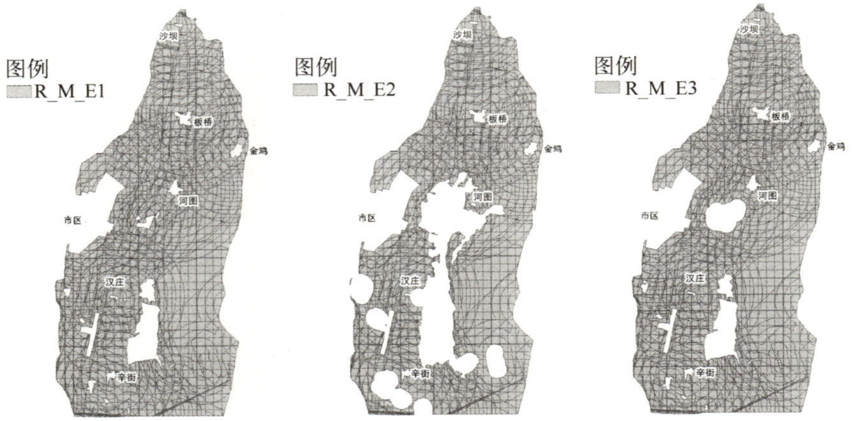

附图 B-14　E1、E2、E3 的约束结果(图层 R_M_E1、R_M_E2、R_M_E3)

B. 2. 2　城市扩张控制措施的模拟

城市扩张控制措施属于“城市形态管制政策”。由于城市形态控制措施仅用于生活区,所以不能采用 Clip 叠合方法生成。需要使用 Identify 叠合(第 5. 4. 2 节)生成。模拟措施 F2,采用生成现有城镇生活区1 500米缓冲区、生成现有公路 800 米缓冲区,再与图层 R_M_E2 叠合方法实现,得到图层 RM_ E2F2(情景四)。措施 F1 不控制城市形态,对应图层产生方法如附图 B-15 所示。R_M_E1F1(情景二、情景三)、R_M_E3F1(情景一)、

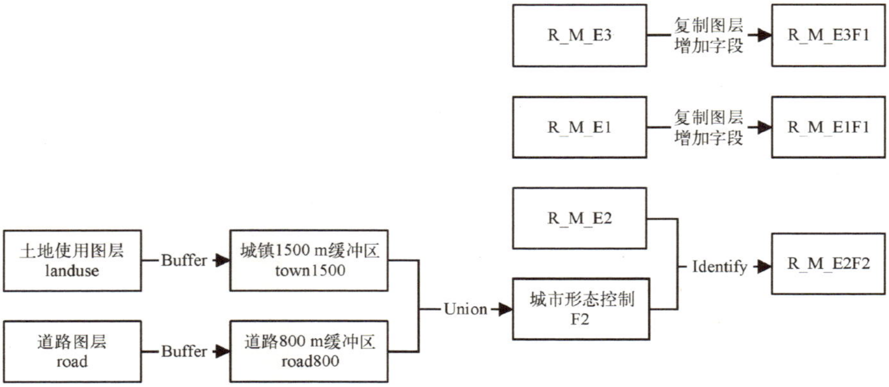

附图 B-15　城市扩张控制措施 F1、F2 的模拟过程

R_M_E2F2(情景四)中用属性字段 R_growth 用以表示该地块是否在城市形态控制区内,其中 1——在控制区内,0——不在控制区内(附图 B-16)。

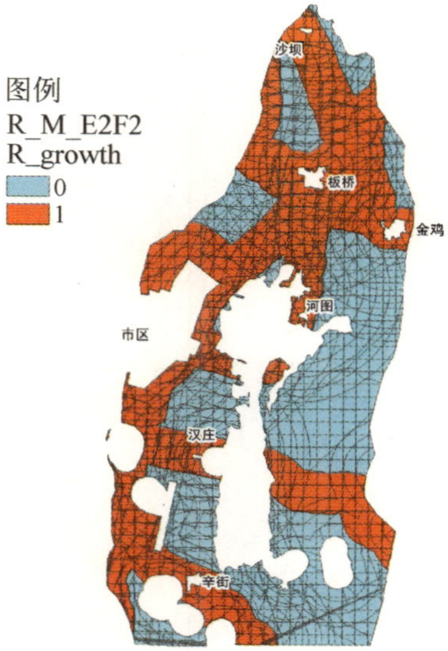

附图 B-16 措施 F2 的约束结果(图层 RM_E2F2)

B.2.3 农田保护措施的模拟

农田保护措施属于"禁止建设用地管制政策"。由于农田保护措施仅仅针对工业区,所以不能采用 Clip 叠合方法生成。需要使用 Identify 叠合(第 5.4.2 节),生成需要保护的农田约束图层 A2,分别与前一步得到的 RM_ E1F1、RM_ E3F1、RM_ E2F2 三个图层进行 Identify 叠合。模拟过程如附图 B-17 所示。措施 A1 不保护农田,对应图层产生方法如附图 B-17 所示。得到的结果中用属性字段 farm 表示该地块是否特定的

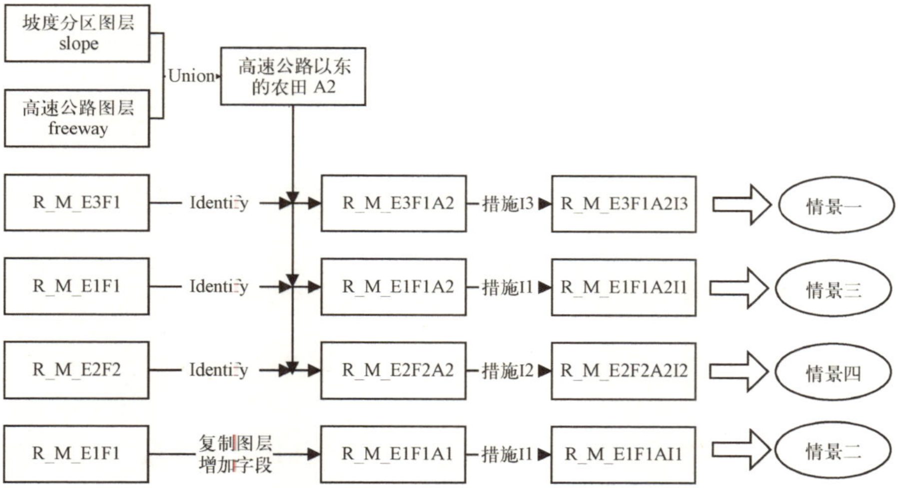

附图 B-17 农田保护措施、优先开发措施模拟过程

农田范围区内，Yes——在农田区内，No——不在农田区内(附图 B－18)。

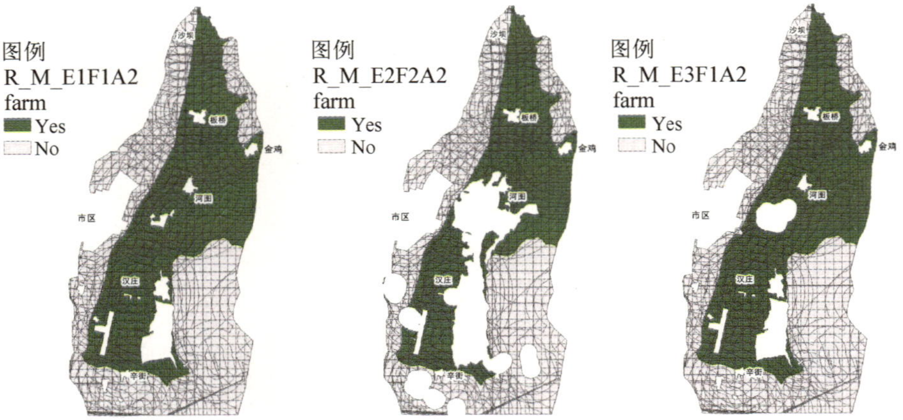

附图 B－18　措施 A2 的约束结果(图层 RM_E1F1A2、RM_E2F2A2、RM_E3F1A2)

B.3　用地分配

B.3.1　运行过程

使用 LUPS 的用地分配子模型时，用地分配的过程包括三个步骤。分别对四个情景对应的图层 RM_E3F1A2(情景一)、RM_E1F1A1(情景二)、RM_E1F1A2(情景三)、RM_E2F2A2(情景四)按以下三个步骤运行。

1. 排序

对每一个候选用地分析单元分别按生活区适宜性得分(字段R_score)、工业区适宜性得分(字段 M_score)的按得分高低的升序排序。排序的结果保存在字段 R_ranking 和 M_ranking 中。排序过程使用 VBA 对 ArcObjects 进行开发编程实现。相关程序与第 7.5.2 节对应程序相同。

2. 分配

按正文第 6.3 节的方法，使用 VBA 对 ArcObjects 进行开发编程实现。相关主程序 MOLA 如附图 B－19。子程序 Find_x1_y1 与附录 A4.1 节相同。主要包括三个步骤。

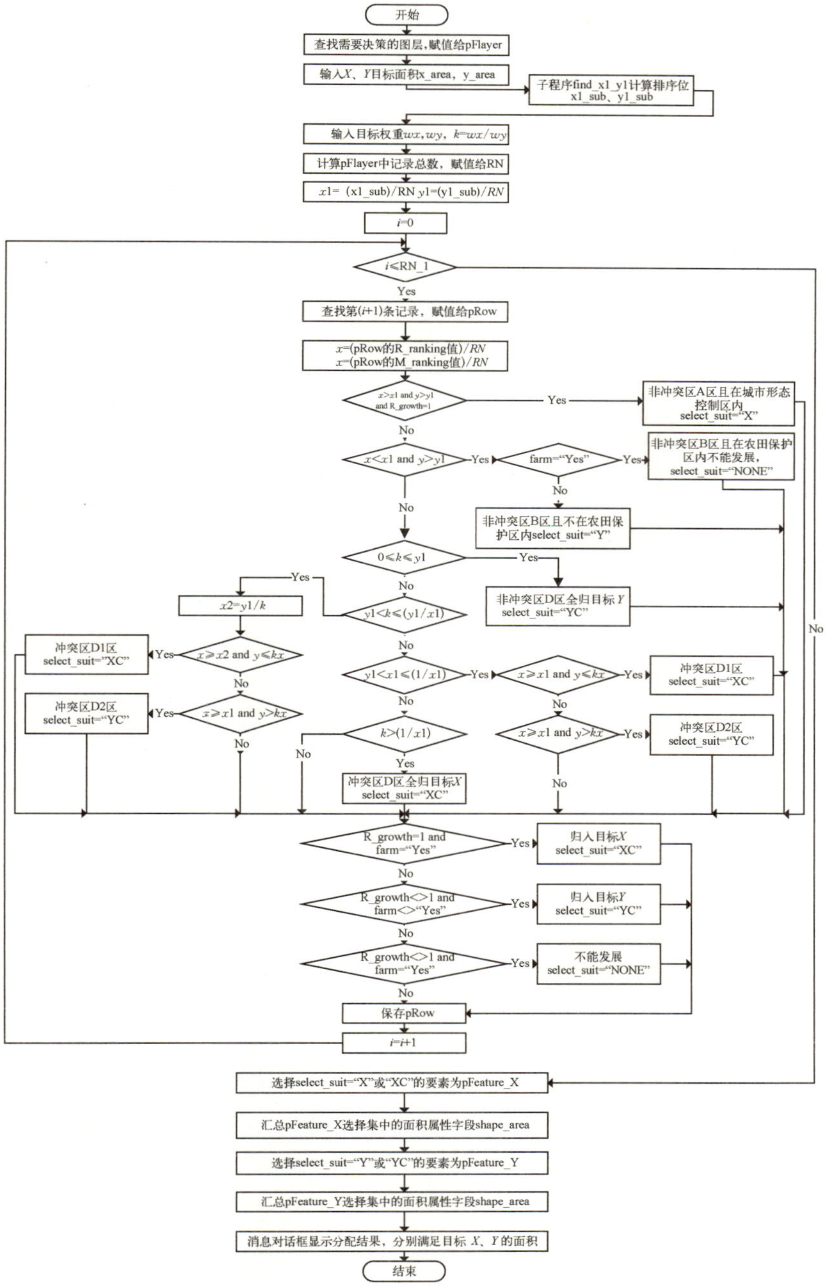

附图 B-19　土地使用分配主程序 MOLA _Baoshan 的流程

(1) 根据生活区(目标 X)、工业区(目标 Y)的面积要求，对已经完成排序的选项，计算决策平面上所需的排序位数值 $x1$、$y1$。

(2) 根据输入的 wx 和 wy 计算决策平面上斜线的斜率 k。

(3) 根据 $x1$、$y1$ 和斜率 k，得到土地使用分配结果。根据城市形态控制字段“R_growth”、农田保护字段“Farm”的数值，对分配结果进行校正。最终分配结果保存在字段“select_suit”中。

LUPS 中的单次双重目标用地分配，所得的符合目标 X、目标 Y 的候选项面积之和会小于输入的目标 X、目标 Y 的面积需求。为此，所以需要扩大输入的面积需求的数值，以求得所需的结果。四个情景的计算中均采用多次调整输入面积，经多次反复，使得实际计算结果与需求面积误差小于 0. 1 km^2，认为达到决策要求：

情景一：输入 x_area=26. 73 km^2，y_area=31. 50 km^2，实际计算得到的目标 X 面积=22. 528 km^2，目标 y 面积=14. 997 km^2，所得的计算结果图层 E3F1A2I3。

情景二：输入 x_area=30. 12 km^2，y_area=15. 0 km^2，实际计算得到的目标 X 面积=22. 488 km^2，目标 y 面积=14. 979 km^2，所得的计算结果图层 E1F1A1I1。

情景三：输入 x_area=30. 2 km^2，y_area=26. 4 km^2，实际计算得到的目标 X 面积=22. 498 km^2，目标 y 面积=14. 992 km^2，所得的计算结果图层 E1F1A2I1。

情景四：输入 x_area=25. 82 km^2，y_area=37. 95 km^2，实际计算得到的目标 X 面积=22. 523 km^2，目标 y 面积=14. 997 km^2，所得的计算结果图层 E2F2A2I2。

3. 合并

对以上产生的计算结果图层，按属性字段“allocation”进行多边形合并(dissolve)，对 E3F1A2(情景一)、E1F1A1(情景二)、E1F1A2(情景三)、

E2F2A2(情景四)四个图层进行合并,得到四个情景下的未来土地使用布局图层 S1(情景一)、S2(情景二)、S3(情景三)、S4(情景四)。

B.3.2　相关程序清单

土地使用分配主程序 MOLA-Baoshan 的程序清单:

```
Public Sub MOLA_Baoshan()
'本模块必须先有标注入选的字段“suit_select”(字符型)
On Error GoTo ReportError

 Dim pMxDoc As IMxDocument
 Set pMxDoc = ThisDocument
 Dim pMap As IMap
 Set pMap = pMxDoc.FocusMap

 Dim pLayer As ILayer
 Dim pFLayer As IFeatureLayer
 Dim pTable As ITable

 '查找需要的图层
 Dim intCount As Integer
 For intCount = 0 To pMap.LayerCount - 1
  Set pLayer = pMap.Layer(intCount)
  If TypeOf pLayer Is IFeatureLayer Then
   If pLayer.Name = "R_M_E3F1A2" Then '此处输入图层名
    Set pFLayer = pLayer
    Exit For
```

```
   End If
  End If
 Next
 If pFLayer Is Nothing Then
  MsgBox "图层未找到"
  Exit Sub
 End If

'输入 X1,Y1 的数值
Dim x0 As Single, y0 As Single 'x0 y0 是标准化之前的原始 X1,Y1 数值。
由子程序直接计算得到
Dim x1 As Single, y1 As Single
Dim x2 As Single, y2 As Single, x_areakm As Single, y_areakm As Single
x_areakm = 26.73 '输入 x 目标的面积
y_areakm = 31.5 '输入 y 目标的面积
Call findx1_y1_new(x0, y0, x_areakm, y_areakm) '调用子过程计算
X1,Y1

'计算斜率 k,其中 wx wy 是目标权重,k 是斜率 tan A
Dim wx As Single, wy As Single, k As Single
wx = 0.5 '输入 x 目标的权重
wy = 0.5 '输入 y 目标的权重
k = wx / wy 'wy/wx 的倒数才是 tan 值

'选出符合 X,Y 目标的所有选项,读出其对应的 X、Y 值以及 FID 编号
Dim RN As Integer
```

```
Dim pQFilter As IQueryFilter
Dim pRow As IRow

Set pTable = pFLayer
Set pQFilter = New QueryFilter
pQFilter.WhereClause = " OBJECTID>0 "
RN = pTable.RowCount(pQFilter) '计算有多少个选项

'进行标准化,将排序值转换为0—1之间的值X1,Y1
x1 = x0 / RN
y1 = y0 / RN

Dim x, y As Single
Dim indexNo As Long
indexNo = pTable.FindField("suit_select")

For i = 0 To RN - 1
 Set pRow = pTable.GetRow(i + 1)
 pRow.Value(indexNo) = "NONE" '将字段suit_select清零,取除上一次循环的结果
 x = pRow.Value(pTable.FindField("R_ranking")) / RN
 y = pRow.Value(pTable.FindField("M_ranking")) / RN

'为非冲突区A区赋值
 If x >= x1 And y <= y1 And pRow.Value(pTable.FindField("R_growth")) = 1 Then pRow.Value(indexNo) = "X"
```

```
'X 适宜区赋值,剔除了 R_growth<>0 的选项,即不发展,也不归入 Y 目标

'为非冲突区 B 区赋值
 If x< x1 And y>y1 Then
   If pRow.Value(pTable.FindField("farm")) = "Yes" Then '剔除 y 适宜
区中的农田
      pRow.Value(indexNo) = "Yout" 'B 区中如果存在农田,即不发展,也
不归入 X 目标
   Else
      pRow.Value(indexNo) = "Y" 'y 适宜区赋值
   End If
End If

'冲突区赋值
If x>x1 And y>y1 Then
 '第 1 种情况,冲突区全部归目标 Y
 If k>=0 And k<=y1 Then pRow.Value(indexNo) = "YC"
 '第 2 种情况,划分 D1 目标 X、D2 目标 Y
 If k>y1 And k< (y1 / x1) Then
   x2 = y1 / k
   If x>=x2 And y<=(k * x) Then pRow.Value(indexNo) = "XC" Else
pRow.Value(indexNo) = "YC"
  End If
 '第 3 种情况,划分 1 目标 X、D2 目标 Y
 If k>(y1 / x1) And k<=(1 / x1) Then
   1If x>=x1 And y<=(k * x) Then pRow.Value(indexNo) = "XC" Else
```

```
pRow.Value(indexNo) = "YC"
 End If
 '第 4 种情况,冲突区全归目标 X
  If k>(1 / x1) Then pRow.Value(indexNo) = "XC"
'检查冲突区中是否存在农田,以及是否在 F 的控制区内,有四种情况,其中三种必须调整
 If pRow.Value(pTable.FindField("R_growth")) = 1 And pRow.Value(pTable.FindField("farm")) = "Yes" Then pRow.Value(indexNo) = "YtoX" 'D 区中在农田内,又在控制区内,就不能符合目标 Y,全部归入 X 目标
 If pRow.Value(pTable.FindField("R_growth"))<>1 And pRow.Value(pTable.FindField("farm"))<>"Yes" Then pRow.Value(indexNo) = "XtoY" 'D 区不在农田内,又在控制区外,就不能符合目标 X,全部归入 Y 目标
 If pRow.Value(pTable.FindField("R_growth"))<>1 And pRow.Value(pTable.FindField("farm")) = "Yes" Then pRow.Value(indexNo) = "NONE" 'D 区在农田内,又在控制区外,目标 Y,X 目标都不符合

 End If

 pRow.Store '保存表格的记录

Next i

'以下部分用于汇总 X XC、Y YC 的面积

Dim pFeatcls As IFeatureClass
Set pFeatcls = pFLayer.FeatureClass
```

```
'create the query filter and give it a where clause
Dim pQFilt_X As IQueryFilter
Dim pFeatCur_X As IFeatureCursor
Dim pQFilt_Y As IQueryFilter
Dim pFeatCur_Y As IFeatureCursor

Set pQFilt_X = New QueryFilter
pQFilt_X.WhereClause = "suit_select = 'X'or suit_select = 'XC' or suit_
select = 'YtoX'"
Set pFeatCur_X = pFeatcls.Search(pQFilt_X, False)

Set pQFilt_Y = New QueryFilter
pQFilt_Y.WhereClause = "suit_select = 'Y'or suit_select = 'YC'or suit_
select = 'XtoY'"
Set pFeatCur_Y = pFeatcls.Search(pQFilt_Y, False)

'get the area field
Dim pFlds As IFields
Dim pFld As IField
Dim lAIndex As Long

Set pFlds = pFeatcls.Fields
lAIndex = pFlds.FindField("Shape_Area")
Set pFld = pFlds.Field(lAIndex)

'a variable to hold the total area
```

```
Dim dtotArea_X As Double, dtotArea_Y As Double
dtotArea_X = 0#
dtotArea_Y = 0#

'loop through all of the features and
'calculate the sum of all of the areas
Dim pFeat As IFeature
Set pFeat = pFeatCur_X.NextFeature
Do
dtotArea_X = dtotArea_X + pFeat.Value(lAIndex)
Set pFeat = pFeatCur_X.NextFeature
Loop Until pFeat Is Nothing

Set pFeat = pFeatCur_Y.NextFeature
Do
 dtotArea_Y = dtotArea_Y + pFeat.Value(lAIndex)
 Set pFeat = pFeatCur_Y.NextFeature
Loop Until pFeat Is Nothing

'send the total area to a message box
MsgBox "本轮计算分配结果：" + vbCrLf + "R = " + Str$((Int(dtotArea_X /
1000 + 0.5)) / 1000) + vbCrLf + "M = " + Str$((Int(dtotArea_Y / 1000 +
0.5)) / 1000), vbInformation

ReportError:
 If Err.Number<>0 Then
```

```
    MsgBox Err.Description
  End If

End Sub
```

子程序 Quicksort 与附录 A3.2 节相同。双重目标的候选项排序程序 R_M_Sort、子程序 findx1_y1 的清单与附录 A4.2 节相同。

参考文献

[1] Aerts J C J H, Eisinger E, Heuvelink G B M, et al. Using linear integer programming for multi-site land-use allocation[J]. Geographical Analysis, 2003, 35(2): 148 - 169.

[2] Agrell P J, Stam A, Fischer G W. Interactive multiobjective agro-ecological land use planning: The Bungoma region in Kenya [J]. European Journal of Operational Research, 2004, 158(1): 194 - 217.

[3] Batty M. A Chronicle of Scientific Planning: the Anglo-American Modeling Experience[J]. Journal of the American Planning Association, 1994, 60(1): 7 - 16.

[4] Batty M. Planning support systems and the new logic of computation[J]. Regional Development Dialogue, 1995, 16(1): 1 - 17.

[5] Batty M. Cellular automata and urban form: a primer[J]. Journal of the American Planning Association, 1997, 63(2): 266 - 274.

[6] Batty M. Planning support systems: Techniques that are driving planning[M]// Geertman S and Stillwell J. (eds). Planning Support Systems in Practice, Heidelberg: Springer, 2003: v - viii.

[7] Carsjens G, Ligtenberg A. A GIS-based support tool for sustainable spatial planning in metropolitan areas[J]. Landscape and Urban Planning, 2007, 80

(1): 72-83.

[8] Carver S J. Integrating multi-criteria evaluation with geographical information systems[J]. International Journal of Geographical Information Systems, 1991, 5(3): 321-339.

[9] Clarke K C, Gaydos L, Hoppen S. A self-modifying cellular automaton model of historical urbanization in the San Francisco Bay area[J]. Environment and Planning B: Planning and Design, 1997, 24(2): 247-261.

[10] Clarke K C, Gaydos L J. Loose-coupling a cellular automata model and GIS: long-term urban growth prediction for San Francisco and Washington/Baltimore [J]. International Journal of Geographical Information Science, 1998, 12(7): 699-714.

[11] Couclelis H. "Where has the future gone?" Rethinking the role of integrated land-use models in spatial planning[J]. Environment and Planning A, 2005, 37(8): 1353-1371.

[12] Dalton L. Thinking about tomorrow: Bringing the future to the forefront of planning[J]. Journal of the American planning Association, 2001, 67(4): 397-401.

[13] Deal B. Sustainable land-use planning: the integration of process and technology [D]. University of Illinois at Urbana Champaign, 2003.

[14] EPA. Projecting land-use change: a summary of models for assessing the effects of community growth and change on land-use patterns[P]. United States Environmental Protection Agency. EPA/600/R-00/098, 2000.

[15] Eastman J R, Jin W, Kyem P A K, Toledano J. Raster procedure for multi-criteria/multi-objective decisions[J]. Photogrammetric Engineering & Remote Sensing, 1995, 61(5): 539-547.

[16] Eastman J R, Jiang H, Toledano J. Multi-criteria and multi-objective decision making for land allocation using GIS[M]//Beinat E, Nijkamp P. Multicriteria analysis for land-use management. DordrEcht: Kluwer Academic Publishers,

1998.

[17] Eastman J R. Multi-criteria and GIS[M]//Longley P, Goodchild M, Maguire D, Rhind D. Geographical information systems, volume 1, principles and applications (second edition). New York: John Wiley & Sons, 1999.

[18] Geertman S. Participatory planning and GIS: a PSS to bridge the gap[J]. Environment and Planning B: Planning and Design, 29(1), 21-35.

[19] Geertman S, Stillwell J. Planning support systems: an introduction[M]// Geertman S, Stillwell J. Planning Support Systems in Practice. Heidelberg: Springer, 2003.

[20] Geertman S, Stillwell J. Planning Support Systems: An Inventory of Current Practice[J]. Computers, Environment and Urban Systems, 2004, 28(4), 291-310.

[21] Geertman S. Potentials for planning support: a planning-conceptual approach [J]. Environment and Planning B: Planning and Design, 2006, 33(6), 863-880.

[22] Geneletti D. A GIS-based decision support system to identify nature conservation priorities in an alpine valley[J]. Land Use Policy, 2004, 21(2), 149-160.

[23] Geurs K T, van Wee B. Accessibility evaluation of land use and transports strategies: Review and research directions, Journal of transport Geography, 2004, 12(2), 127-140.

[24] Geurs K T, van Wee B, Rietveld P. Accessibility appraisal of integrated land-use-transport strategies: methodology and case study for the Netherlands Randstad area[J]. Environment and Planning B: Planning and Design, 2006, 33(5): 639-660.

[25] Guhathakurta S. Urban modeling as storytelling: Using simulation models as narrative[J]. Environment and Planning B: Planning and Design, 2002, 29(6): 895-911.

[26] Harris B. Beyond geographic information systems: computers and the planning

professional[J]. Journal of the American Planning Association, 1989, 55(1): 85 - 92.

[27] Harris B. Computer in planning: professional and institutional requirements[J]. Environment and Planning B: Planning and Design, 1999, 26(3): 321 - 331.

[28] Harris B, Batty M. Locational models, geographic information and planning support systems[J]. Journal of Planning Education and Research, 1993, 12(3): 184 - 198.

[29] Healey P. Planning through debate: the communicative turn in planning theory [J]. Town Planning Review, 1992, 63(1): 143 - 162.

[30] Jankowski P. Integrating geographical information systems and multiple criteria decision-making method[J]. International Journal of Geographical Information Systems, 1995, 9(3): 251 - 273.

[31] Jantz C, Goeta S J, Shelley M K. Using the SLEUTH urban growth model to simulate the impact of future policy scenarios land use in Baltimore-Washington metropolitan area[J]. Environment and Planning B: Planning and Design, 2004, 31(2): 251 - 271.

[32] Janssen R, Rietveld P. Multicriteria analysis and GIS: an application to agricultural landuse in the Netherlands[M]// Scholten H J and Stillwell J C H. Geographical Information Systems for Urban and Regional Planning. Dordrecht: Kulwer. 1990.

[33] Joerin F, Theriault M, Musy A. Using GIS and outranking multicriteria analysis for land-use suitability assessment[J]. International Journal of Geographical Information Science, 2001, 15(2): 153 - 174.

[34] Johnston R, Shabazian D, Gao S. UPlan: a versatile urban growth model for transportation planning[J]. Transportation Research Record, 2003, 1831. Issue.

[35] Jun C. Design of an intelligent geographic information system for multi-criteria site analysis[J]. URISA Journal, 2000, 12(3): 5 - 13.

[36] Klosterman R. Planning support systems: a new perspective on computer-aided planning[J]. Journal of Planning Education and Research, 1997, 17(1): 45 - 54.

[37] Klosterman R. Guest editorial, new perspective on planning support systems[J]. Environment and Planning B: Planning and Design, 1999(a), 26(3): 317 - 320.

[38] Klosterman R. The What-if? collaborative planning support system [J]. Environment and Planning B: Planning and Design, 1999(b), 26(3): 393 - 408.

[39] Klosterman R, Siebert L, Hoque M A, et al. Using an operational planning support system to evaluate farmland preservation policies[M]//Geertman S and Stillwell J. Planning Support Systems in Practice. Heidelberg: Springer, 2003: 391 - 407.

[40] Klosterman R, Pettit C. Guest editorial, an update on planning support systems [J]. Environment and Planning B: Planning and Design, 2005, 32(4): 477 - 484.

[41] Landis L D. The California Urban Future Model: A new generation of metropolitan simulation models[J]. Environment and Planning B: Planning and Design, 1994, 21(4): 399 - 420.

[42] Landis L D. Imagining land use futures: applying the California Urban Future Model[J]. Journal of the American Planning Association, 1995, 61(4): 438 - 457.

[43] Landis L D, Zhang M. The second generation of the California Urban Future Model, part 1: Model logic and theory [J]. Environment and Planning B: Planning and Design, 1998(a), 25(5): 657 - 666.

[44] Landis L D, Zhang M. The second generation of the California Urban Future Model, part 2: Specification and calibration results of the land-use change submodel[J]. Environment and Planning B: Planning and Design, 1998(b), 25(6): 795 - 824.

[45] Lee D B. Requiem for large scale urban models[J]. Journal of American Institute of Planners, 1973, 39(1): 163 - 178.

[46] Lee D B. Retrospective on large-scale urban model[J]. Journal of the American Planning Association, 1994, 60(1): 35 - 40.

[47] Liu S, Zhu X. Accessibility Analyst: an integrated GIS tool for accessibility analysis in urban transportation planning[J]. Environment and Planning B: Planning and Design, 2004, 31(1): 105 - 124.

[48] Malczewski J, Pazner M, Zaliwska M. Visualization of multicriteria location analysis using a raster GIS, a case study[J]. Cartography and Geographical Information System, 1997, 24(2): 80 - 90.

[49] Malczewski J. GIS and Multicriteria Decision Analysis[M]. New York: John Wiley, 1999.

[50] Malczewski J. GIS-based land-use suitability analysis: a critical overview[J]. Progress in Planning, 2004, 62(1): 3 - 65.

[51] Malczewski J. GIS-based multicriteria decision analysis: a survey of literature [J]. International Journal of Geographical Information Science, 2006, 20(7): 703 - 726.

[52] 麦克哈格. 设计结合自然[M],芮经纬,译. 北京:中国建筑工业出版社,1992.

[53] Myers D, Kitsuse A. Constructing the future in planning: A survey of theories and tools[J]. Journal of Planning Education and Research, 2000, 19(3): 221 - 231.

[54] Nedović-Budić Z, Kan R G, Johnston D M, et al. CommunityViz-based prototype model for assessing development impacts in a naturalized floodplain-EmiquonViz[J]. Journal of Urban Planning and Development, 2006, 132(4): 201 - 210.

[55] Noth M, Borning A, Waddell P. An extensible module architecture for simulating urban development, transportation and environment impacts [J]. Computers, Environment and Urban Systems, 2003, 27(2): 181 - 203.

[56] Pettit C. Land Use Planning Scenarios for Urban Growth: A Case Study Approach[D]. University of Queensland. 2002.

[57] Pettit C. Use of a collaborative GIS-based planning-support system to assist in formulating a sustainable-development scenario for Hervey Bay, Australia[J]. Environment and Planning B: Planning and Design, 2005, 32(4): 523 - 545.

[58] Pettit C, Pullar D. An integrated planning tool based upon multiple criteria evaluation of spatial information [J]. Computers, Environment and Urban Systems, 1999, 23(5): 339 - 357.

[59] Pettit C, Pullar D. A way forward for land-use planning to achieve policy goals by using spatial modeling scenarios[J]. Environment and Planning B: Planning and Design, 2004, 31(2): 213 - 233.

[60] Reilly J. The New Jersey (USA) Growth Allocation Model: development, evaluation and extension [M]//Geertman S, Stillwell J. Planning Support Systems in Practice. Heidelberg: Springer, 2003: 373 - 390.

[61] Riveria I S, Maseda R C. A review of rural land-use planning models[J]. Environment and Planning B: Planning and Design, 2006, 33(2): 165 - 183.

[62] Silva E A, Clarke K C. Calibration of the SLEUTH urban growth model for Lisbon and Porto, Portugal[J]. Computers, Environment and Urban Systems, 2002, 26(6): 525 - 552.

[63] Song Y, Ding C, Knaap G. Envisioning Beijing 2020 through sketches of urban scenarios[J]. Habitat International, 2006, 30(4): 1018 - 1034.

[64] 尼格尔·泰勒. 1945 年后西方城市规划理论的流变[M]. 李白玉，陈贞，译. 北京：中国建筑工业出版社，2006.

[65] 凯斯·万·德·黑伊登. 情景规划(原书第二版)[M]. 邱昭良，译. 北京：中国人民大学出版社.

[66] van Maren G. Key to virtual insight: a 3D GIS and virtual reality system[M]// Geertman, S. , Stillwell, J. Planning Support Systems in Practice. Heidelberg, Springer, 2003: 193 - 204.

[67] Vonk G, Geertman S, Schot P. Bottlenecks blocking widespread usage of planning support systems[J]. Environment and Planning A, 2005, 37(5): 909 -

924.

[68] Wack P. Scenarios: Shooting the rapids[J]. Harvard Business Review, 1985, 85(6): 139 - 150.

[69] Wachs M. Forecasting versus envisioning: A new window on the future[J]. Journal of the American Planning Association, 2001, 67(4): 367 - 372.

[70] Wegener M. Operational urban models: State of the art[J]. Journal of the American Planning Association, 1994, 60(1): 17 - 30.

[71] Waddell P. UrbanSim, modeling urban development for land use, transportation and environment planning[J]. Journal of the American Planning Association, 2002, 68(3): 297 - 313.

[72] Xiang W, Clarke K C. The use of scenarios in land-use planning[J]. Environment and Planning B: Planning and Design, 2003, 30(6): 885 - 909.

[73] Yeh A G O. Urban planning and GIS[M]//Longley P, Goodchild M, Maguire D, Rhind D. Geographical Information Systems: Principles, Techniques, Applications and Management. New York: John Wiley, 1999: 877 - 888.

[74] Yosef R J, Sustainable urban forms, their typologies, models and concepts[J]. Journal of Planning Education and Research, 2006, 26(1): 38 - 52.

[75] Zegras C, Sussman J, Conklin C. Scenario Planning for Strategic Regional Transportation Planning[J]. Journal of Urban Planning and Development, 2004, 130(1): 2 - 13.

[76] 丁成日,宋彦,张扬.北京市总体规划修编的技术支持:方案规划应用实例[J].城市发展研究,2006(3):117 - 110.

[77] 杜宁睿,李渊.规划支持系统(PSS)及其在城市空间规划决策中的应用[J].武汉大学学报(工学版),2005,38(1):137 - 142.

[78] 龙瀛,何永,刘欣,杜立群.北京市限建区规划:制订城市扩展的边界[J].城市规划,2006(12):20 - 26.

[79] 龙瀛.规划支持系统原理与应用[M].北京:化学工业出版社,2007.

[80] 钮心毅.基于知识的系统在城市规划中的应用及进展[J].城市规划汇刊,2004

(1)：45－49.

[81] 钮心毅.规划支持系统：一种运用计算机辅助规划的新方法[J].城市规划学刊，2006(2)：96－101.

[82] 钮心毅.西方城市规划思想演变对计算机辅助规划的影响及其启示[J].国际城市规划，2007，22(6)：97－101.

[83] 邱昭良.导读——战略决胜未来[M]//凯斯·万·德·黑伊登.情景规划.邱昭良，译，北京：中国人民大学出版社，2007.

[84] 宋小冬，钮心毅.再论居民出行可达性的计算机评价[J].城市规划汇刊，2000(3)：18－22.

[85] 叶嘉安，宋小冬，钮心毅，黎夏.地理信息与规划支持系统[M].北京：科学出版社，2006.

[86] 杨保军，闵希莹.新版《城市规划编制办法》解析[J].城市规划学刊，2006(4)：1－7.

[87] 岳珍，赖茂生.国外"情景分析"方法的进展[J].情报杂志，2006，25(7)：59－64.

[88] 俞孔坚，李迪华，刘海龙，程进.基于生态基础设施的城市空间发展格局——"反规划"之台州案例[J].城市规划，2005(9)：76－80.

[89] 王睿，周均清.城市规划中的情景规划方法研究[J].国际城市规划，2007，22(2)：89－92.

[90] 宗跃光，徐建刚，尹海伟.情景分析法在工业用地置换中的应用——以福建省长汀腾飞经济开发区为例[J].地理学报，2007，62(8)：887－896.

[91] 詹克斯，等.紧缩城市：一种可持续发展的城市形态[M]，周玉鹏，等，译.北京：中国建筑工业出版社，2004.